Als der Buddha einst ein Räuber war

Als der Buddha einst ein Räuber war

Geschichten aus Buddhas früheren Leben

nacherzählt von Andrea Liebers
mit Illustrationen von
Bruni Feist-Kramer

Theseus

Die Deutsche Bibliothek – CIP-Einheitsaufnahme

Liebers, Andrea:

Als der Buddha einst ein Räuber war : Geschichten aus Buddhas
früheren Leben / nacherzählt von Andrea Liebers.
Mit Ill. von Bruni Feist-Kramer. – Berlin : Theseus, 1997
ISBN 3-89620-114-X

ISBN 3-89620-114-X

Umschlaggestaltung: Morian & Bayer-Eynck, Coesfeld
unter Verwendung einer Illustration von Bruni Feist-Kramer
Lektorat: Ursula Richard
Layout: Gerda Koch, Berlin
Druck: Westermann Druck, Zwickau
Printed in Germany

Gedruckt auf alterungsbeständigem Papier
mit chlorfrei gebleichtem Zellstoff

Inhalt

L iebe Kinder, liebe Eltern, die Geschichten, die ihr in diesem Buch findet, sind ungefähr 2500 Jahre alt. In ihnen werden frühere Leben des Buddha beschrieben und es heißt, dass er sie selbst seinen Schülerinnen und Schülern erzählt hat. Im alten Indien war es selbstverständlich, an Wiedergeburt zu glauben – so wie heute noch im Hinduismus und Buddhismus. Die Geschichten dieses Bandes spielen alle in der Welt der Menschen – der Kaufleute, Könige, Kapitäne, Räuber, Zimmerleute. Man erfährt in ihnen viel Interessantes über die Kultur des alten Indien. Es gab dort berühmte Universitäten, Paläste mit wunderschönen Parkanlagen, große Städte und vieles mehr. Die Menschen befuhren mit großen Schiffen die Meere, Handelskarawanen waren unterwegs und handelten mit Seide, Gewürzen, Gold, Silber und Edelsteinen. Die Philosophie und Wissenschaften waren hoch entwickelt. Die vorherrschende Religion war damals der Hinduismus: Die Menschen glaubten an viele verschiedene Götter, zu denen sie beteten und denen sie opferten. Die bekanntesten Götter des Hinduismus sind Brahma, Schiwa, Vischnu und Indra.

Zur Zeit des Buddha (ca. 500 vor Christus) gab es viele Asketen und Einsiedler, die versuchten, eigene religiöse Erfahrungen zu machen. Sie suchten Antworten auf schwierige Fragen: Warum gibt es Leiden? Was ist der Sinn des Lebens? Was geschieht mit dem Menschen, wenn er stirbt? Dazu entwickelten sie Methoden wie Yoga und Meditation: Übungen, die wir inzwischen auch bei uns kennen. Viele dieser Menschen lebten einsam in den Wäldern und Bergen; manche aßen nur einige Reiskörner am Tag oder blieben wochenlang in einer Stellung sitzen, ohne sich zu bewegen. So wollten sie die Wahrheit finden.

Der Buddha, das heißt wörtlich übersetzt »der Erwachte«, wurde als reicher Prinz in Indien geboren. Er wuchs sehr behütet und verwöhnt auf und seine Eltern sorgten dafür, dass er von den Problemen der Welt nichts mitbekam. Als der Prinz zum ersten Mal merkte, dass es Krankheiten gibt, dass die Menschen alt werden und schließlich sterben, war das ein Schock für ihn. So beschloss er, zu ergründen, warum es dieses ganze Leiden auf der Welt gibt, und einen Ausweg zu finden. Eine Zeit lang wanderte er als Asket und Einsiedler umher. Irgendwann stellte er aber fest, dass die radikalen Methoden, wie sie die Asketen anwendeten, nicht zu dem erwünschten Ziel führten. Von da an ging er seinen eigenen Weg und erlangte schließlich die Erleuchtung: Damit hatte er für sich herausgefunden, wie man mit dem Leiden in der Welt umgehen und es sogar überwinden kann. Diese Erkenntnis durchströmte ihn wie ein nie mehr endendes Glücksgefühl. In den 40 Jahren, die er noch lebte, sammelte er viele Schüler und Schülerinnen um sich und lehrte sie, was er erkannt hatte. Auf diese Lehrreden gründet sich später die Religion, die nach ihrem Begründer Buddhismus genannt wird.

Die Geschichten sind nacherzählt aus: The Jataka. Stories of the Buddha's Former Births. Hrsg. v. E. B. Cowell, 6 Bände, Cambridge University Press 1895. (Nachdruck, The Pali Text Society, Oxford[6], 1995)

Die Dämoneninsel

Ganz in der Nähe der großen Stadt Benares gab es ein Zimmermannsdorf, das im ganzen Land für seine hervorragende Handwerkskunst bekannt war. Von überall her kamen die Menschen, um etwas zu kaufen oder Möbel zu bestellen, die nach Maß für sie angefertigt wurden.

Doch unter den Zimmerleuten gab es auch einige, die den guten Ruf des Dorfes schamlos ausnützten. Sie versprachen den Leuten, die zu ihnen kamen, das Blaue vom Himmel herunter. Sie boten an, herrliche Betten, wundervolle Stühle und Tische zu zimmern und die schönsten Häuser zu bauen, die man sich nur vorstellen kann. Wenn sie dann einen Vorschuss bekommen hatten, wussten sie plötzlich von nichts mehr. Die Stimmung zwischen den betrügerischen und den ehrlichen Zimmerleuten wurde mit der Zeit immer gereizter. Schließlich hielten es die ehrlichen Zimmerleute nicht mehr aus. Sie beschlossen wegzuziehen und sich an einer anderen Stelle niederzulassen.

Sie zimmerten ein riesiges Schiff, in dem alle Familien Platz fanden, zogen es in den Fluss, der an der Stadt vorbeifloss, und ließen sich von der Strömung bis zum Meer treiben. Als das Schiff schließlich auf dem großen, blauen Ozean auf und ab schwappte, setzten sie die Segel. Der Wind, der kräftig aus einer Richtung blies, brachte sie schnell voran.

Nachdem das Schiff viele Tage und Nächte wie ein Pfeil über den weiten Ozean geglitten war, sahen sie auf einmal in der Ferne eine Insel, die wie eine grüne Perle im blauen Meer lag. Auf die steuerten sie zu, holten die Segel ein und setzten Anker.

Auf dieser Insel lebte ein einziger Mensch, ein Schiffbrüchiger, den ein Sturm vor vielen Jahren dorthin verschlagen hatte. Hier war er glücklich und zufrieden, Nahrung gab es im Überfluss. Wild wuchsen hier Obstbäume, Reis, Zuckerrohr, Bananen, Mangos, Aprikosen, Kokosnüsse und noch vieles mehr. Am Anfang hatte er sich etwas einsam gefühlt, aber inzwischen genoss er das Alleinsein sehr. Es gab hier niemanden, der ihn störte. Durch dieses sorgenfreie Leben war der Schiffbrüchige stark und kräftig geworden. Nackt lief er umher; seine Haare und sein Bart waren sehr lang. Doch das störte ihn nicht.

Als die Zimmerleute vom Schiff aus die Insel betrachteten, überlegten sie, ob dort vielleicht gefährliche Dämonen spukten. Um das zu überprüfen, wurden sieben starke Männer ausgewählt, die die Insel erkunden soll-

ten. Mit Schwertern, Speeren, Bogen, Schilden und Äxten bewaffnet betraten sie die Insel. Sie stapften eine Weile am Strand entlang, und als ihnen niemand begegnete, beschlossen sie sich landeinwärts zu wenden, dorthin, wo die hohen Palmen sich im Wind wiegten.

Unter einer dieser Palmen lag der Schiffbrüchige gerade faul auf dem Rücken und hatte die Augen geschlossen, um sein Mittagschläfchen zu halten. Ein glückliches Lächeln umspielte seine Lippen. Als der Schlaf nicht kommen wollte, richtete er sich auf und sang munter ein selbstgedichtetes Liedchen vor sich hin.

Die Kundschafter der Zimmerleute hörten dies und blieben furchtsam stehen. Sie sahen einander ängstlich an. »Lasst uns nachsehen, wer oder was da singt!«, schlug der Stärkste von ihnen vor. »Aber vorsichtig!« Sie zückten die Waffen und schlichen in die Richtung, aus der die Töne kamen. Kurze Zeit darauf standen sie vor dem nackten, langhaarigen Schiffbrüchigen. Sein Anblick versetzte sie in Furcht und Schrecken und sie hielten ihre Waffen direkt auf ihn gerichtet. »Das muss ein Kobold sein!«, rief einer von ihnen laut und hob das Schwert, um zuzuschlagen.

Als der Schiffbrüchige die schwer bewaffneten Männer vor sich stehen sah, hörte er erschrocken auf zu singen, sprang auf und hob die Hände in die Höhe. »Ich bin kein Kobold!«, rief er. »Erschlagt mich nicht! Ich bin ein Mensch wie ihr!«

»Was!?«, riefen die Zimmerleute wie aus einem Mund. »Seit wann laufen normale Menschen nackt und mit langem Bart und Haar herum?«

Der Schiffbrüchige beteuerte wieder und wieder, dass er ein Mensch sei und keine feindlichen Absichten habe. Schließlich glaubten sie ihm und erzählten, dass sie mit ihren Familien auf einem Schiff hergekommen seien und vorhätten, die Insel zu besiedeln.

»Gibt es sonst niemanden hier außer dir?«, fragten sie ihn argwöhnisch. »Keine Dämonen oder Geister, die etwas dagegen haben könnten, wenn wir uns hier niederlassen?«

»Eigentlich nicht«, antwortete der Schiffbrüchige. »Es spukt hier zwar ab und zu, aber die Dämonen, die das tun, sind ganz lieb. Das Einzige, was sie hassen, sind menschliche Exkremente. Ihr dürft also niemals irgendwo hinkacken, ohne es hinterher zu vergraben. Wenn ihr immer daran denkt, dann lassen sie euch in Ruhe!«

»Das hört sich ja gut an!«, meinte der Stärkste der Zimmerleute.

Die sieben Kundschafter kehrten auf das Schiff zurück und berichteten, was sie herausgefunden hatten. Alle waren dafür, auf der Insel zu bleiben. Sie zogen das Schiff ans Ufer und bauten aus den Holzplanken kleine, gemütliche Hütten. Die Zimmerleute und ihre Familien waren glücklich in ihrer neuen Heimat. Im Urwald entdeckten sie Blumen mit großen, farbenprächtigen Blüten, die sie ausgruben und in Kübeln vor die Häuser pflanzten. Die Früchte, die wild an den Bäumen wuchsen, schmeckten köstlich und eine halbe Stunde Fußweg vom Dorf entfernt wuchs wilder Reis und Getreide. In der Mitte des Dorfes sprudelte eine Quelle mit herrlich frischem Wasser, um die die Zimmerleute geschickt einen Brunnen gemauert hatten.

Dass sie einen so schönen Platz zum Leben finden würden, hätte keiner für möglich gehalten. Deshalb beschlossen sie, ein grosses Fest zu veranstalten, um ihr neues Zuhause gebührend zu feiern. Die Häuser wurden geputzt und Blumengirlanden zwischen den Gassen aufgehängt. Brot wurde gebacken, einige Männer gingen im Dschungel auf die Jagd, um wilde Tiere zu erlegen, die man abends über dem Feuer braten könnte. Die Frauen schleppten körbeweise Obst heran und aus den Kokosnüssen brannten die Zimmerleute einen starken Schnaps.

Als der Abend des Festes gekommen war, zündeten die Menschen ein großes Feuer an. Ausgelassen tanzten sie im Feuerschein und sangen fröhliche Lieder. Mit der Zeit waren sie rechtschaffen hungrig und die Tänzer stürzten sich auf das Essen. Es schmeckte vorzüglich und sie priesen die Insel, auf der sie sich so wohl fühlten. Als sich alle die Bäuche voll geschlagen hatten, gingen sie zum Kokosschnaps über.

Bald waren die meisten sehr betrunken. Darum vergaßen viele ihre Kacke zu vergraben.

Allmählich stank es dort, wo sie feierten, ziemlich unangenehm. Als die Dämonen dies rochen, waren sie wütend, denn es war ihr Versammlungsplatz, den die Menschen so beschmutzt und verunreinigt hatten.

Noch in derselben Nacht kamen die Dämonen zusammen und hielten Rat.

»Seit diese Menschen da sind, fühle ich mich nicht mehr richtig wohl«, beklagte sich eine alte Dämonin und bleckte ihre lila-schwarz-blauen Zähne.

»Dass sie jetzt unseren Versammlungsplatz vollgekackt haben, bringt das Fass zum Überlaufen!« Wütend reckte ein junger Dämon, der riesige gelbe Füße hatte, seine blaue Krallenfaust in die Höhe.

»Also mich stören sie nicht. Das bisschen Gestank wird uns schon nicht umbringen!« Die ältere Dämonin, die das gesagt hatte, hob beschwichtigend beide Hände, so dass man ihre leuchtend pinkfarbenen Handflächen sehen konnte.

»Du bist zu gutmütig!«, schimpfte ein fetter Dämon, der grasgrüne Schlappohren hatte.

»Ich bin dafür, dass wir die Insel überfluten und dadurch den Gestank mit samt den Menschen wegschwemmen!«, schlug ein Dämon vor, der alle an Körpergröße überragte. Sein massiger Leib war purpurfarben und seine Arme und Beine waren feuerrot.

Die anderen fanden den Vorschlag gut und sie beschlossen, ihn in zwei Wochen bei Vollmond in die Tat umzusetzen.

Nur die ältere Dämonin mit den pinkfarbenen Händen war nicht einverstanden. Sie fand die Entscheidung ungerecht all denen gegenüber, die nicht ins Freie gekackt, sondern ihre Exkremente auch beim Fest vergraben hatten – und das waren nicht wenige gewesen. Sie beschloss daher, die Menschen zu warnen.

Am nächsten Abend saßen die Zimmerleute nach dem Essen vor ihren Hütten gemütlich beieinander und sprachen darüber, wie schön das Fest gewesen war. Plötzlich wurde die Insel in ein übernatürlich leuchtendes Licht getaucht. Die Menschen verstummten und sahen sich ängstlich an. Da erschien die Dämonin im Norden, umgeben von züngelnden Flammen, und sprach: »Zimmerleute, hört mir zu! Die Dämonen, die hier auf der Insel leben, sind sehr wütend, weil einige von euch einfach auf unseren Versammlungsplatz gemacht haben, ohne ihre Kacke danach zu vergraben. Verlasst diesen Ort, denn in der Hälfte eines Monats, wenn der Mond voll am Himmel steht, werden sie euch mit einer großen Flutwelle vernichten! Keiner von euch wird das überleben. Deshalb flieht von hier!«

Im nächsten Augenblick war die Dämonin auch schon wieder verschwunden, ebenso der überirdische Glanz, der ihr Erscheinen begleitet hatte. Die Menschen klammerten sich erschreckt aneinander, sie hatten noch niemals eine leibhaftige Dämonin gesehen.

Der große purpurfarbene Dämon hatte das Ganze mitverfolgt. »Sie will mir meinen Spaß verderben!«, dachte er und war sauer auf die gutherzige Dämonin. »Ich werde verhindern, dass die Menschen fliehen, ich lasse mir die Überflutung nicht vermiesen!«

Er tauchte die Insel in ein wunderbar glänzendes Licht und erschien im Süden, riesig groß und fürchterlich anzusehen, umzüngelt von Flammen. »Hat euch gerade eine Dämonin besucht?«, fragte er und seine Stimme donnerte über die Insel. Furchtsam nickten die Menschen, der Anblick des Dämons hatte ihnen vollends die Sprache verschlagen. »Diese Dämonin ist böse, sie will nicht, dass ihr hier auf unserer Insel lebt. Deshalb hat sie erzählt, wir wollten euch zu Vollmond mit einer Flutwelle vernichten. Doch keine Angst! Es besteht für euch keine Gefahr. Sie hat gelogen!«

Nach diesen Worten löste er sich in Luft auf. Auch der überirdische Glanz, der die Insel eingehüllt hatte, verschwand.

Den Menschen standen die Haare zu Berge. Die beiden Dämonen hatten sie zu Tode erschreckt. Was sollten sie jetzt tun? Wem sollten sie glauben?

Sunama, einer der Zimmerleute, fand als Erster seine Sprache wieder, er sagte:»Hört mir zu! Der riesige Dämon, der im Süden erschienen ist, hat bestimmt die Wahrheit gesprochen! Er hat gesagt, dass die Dämonin uns angelogen hat, um uns von der Insel zu verscheuchen! Und dass für uns keine Gefahr besteht und wir uns nicht fürchten müssen.« Nach und nach löste sich der Schockzustand auf und die Zimmerleute konnten wieder klar denken. Einige klatschten nach der kleinen Rede Sunamas erfreut Beifall. Sie waren genauso wie er bequem und froh über all die guten Dinge, die es auf der Insel im Überfluss gab, und sie wollten ein solches Paradies nicht verlassen.

Da erhob sich ein anderer Zimmermann, Alata mit Namen – er war in Wirklichkeit der Buddha –, und sprach:»Jeder Dämon hat uns etwas anderes geraten«, nachdenklich machte er eine Pause und runzelte die Stirn.»Warum hat uns die eine zu Furcht und Flucht ermahnt und der andere Sicherheit versprochen und uns eingeladen zu bleiben? Irgendetwas stimmt da nicht. Ich glaube, es ist am besten, wenn wir vorsichtig sind.«

»Und was schlägst du vor?«, fragten die, die seine Worte ganz vernünftig fanden.»Lasst uns ein Schiff bauen, mit dem wir eine Flutwelle überstehen können. Wenn die Dämonin Recht hat, sind wir in Sicherheit; wenn der Dämon Recht hat, haben wir nichts verloren.«

Ein Teil der Zimmerleute stimmte ihm zu. Die, die wie Sunama dachten, schüttelten die Köpfe. Ein Schiff bauen, das war das Letzte, wozu sie jetzt Lust hatten. Noch am selben Tag begannen die anderen Zimmerleute mit dem Bau eines Schiffes. Mit ihren Äxten machten sie sich auf in den Dschungel und fällten die Bäume, die sie für den Bau benötigten. Die Stämme trugen sie am Strand zusammen und begannen sie zu bearbeiten.

Sunama beobachtete das geschäftige Treiben eine Weile, dann meinte er:»Ihr übertreibt völlig! Ihr seht ein Krokodil im Wasserglas! Die Arbeit könnt ihr euch sparen! Die Dämonin kann uns nicht leiden und der Dämon liebt uns, so einfach ist das!«

Doch Alata und seine Leute ließen sich dadurch nicht von ihrer Arbeit abhalten, sondern hämmerten, klopften und sägten unermüdlich. Da wurde Sunama wütend und schrie:»Wenn ihr erst auf eurem Schiff seid, dann lassen wir euch nicht mehr an Land! Das wäre ja noch schöner! Von mir aus könnt ihr auch jetzt schon abhauen, dann haben wir die schöne Insel für uns allein!«

Der Schiffbrüchige, der sehr unglücklich darüber war, dass die Menschen seinen Rat nicht befolgt hatten, schloss sich Alatas Gruppe an. Er konnte sich nicht vorstellen, dass die Dämonen die Verunreinigung ihrer Insel ungestraft lassen würden. Er half mit beim Bau des Schiffes, das schneller als erwartet fertig wurde. So hatten die Zimmerleute sogar noch Zeit, frischen Proviant im Schiffsbauch zu verstauen.

Als der Vollmondtag gekommen war, gingen der Schiffbrüchige, Alata sowie viele der Zimmerleute mit ihren Familien an Bord des Schiffes. Dort wollten sie abwarten, was weiter geschehen würde.

Die anderen, die an Land blieben, lachten sie aus: »Ihr Angsthasen!«, riefen sie. »Ihr lasst euch von einer Dämonin ins Bockshorn jagen! Wie kann man nur so feige sein!«

Als der Mond schließlich am Horizont aufging, betrachteten alle gespannt das Meer. Weit draußen auf dem Ozean baute sich tatsächlich eine große Welle auf, die langsam näher kam. Gurgelnd und rauschend rollte sie heran und überflutete die Insel knietief. Dann zog sie sich wieder zurück.

Die Leute am Strand freuten sich: »Das war alles!«, riefen sie und klatschten in die Hände. »Uns ist nichts passiert und die Feiglinge im Schiff sind ganz schön blamiert!« Sie liefen am Strand entlang und zeigten denen, die am Geländer des Schiffs standen, lange Nasen. »Angsthasen, Angsthasen!«, riefen sie in einem fort und freuten sich überschwänglich. »Ihr könnt aber trotzdem abhauen, wir lassen euch jetzt nämlich nicht mehr auf die Insel!«, riefen sie.

Auf einmal baute sich eine zweite Welle im Ozean auf, die war so hoch wie ein erwachsener Mann. Blubbernd und schäumend rollte sie heran und schwappte über die Insel. Sunamas Anhänger kletterten schnell auf die Palmbäume und brachten sich in Sicherheit. »Ätsch, reingefallen!«, riefen sie den anderen zu, lachten und kletterten wieder auf den Boden hinunter.

Doch die Welle kehrte ein drittes Mal zurück: Dieses Mal war sie höher als alle Bäume der Insel und überschwemmte sie ganz. Jetzt lachte keiner mehr. Denn sie waren alle untergegangen.

Die Leute auf dem Schiff sahen sich betroffen an. Die Dämonin hatte also Recht gehabt. Traurig segelten sie fort, um sich einen neuen Platz zu suchen. Hier, wo ihre Gefährten den Tod gefunden hatten, wollten sie auf keinen Fall mehr bleiben.

Der Mango-Zauber

Es war vor langer, langer Zeit, da wütete in Benares ein gefährliches Malaria-Fieber. Nur wenige Menschen kamen mit dem Leben davon, darunter auch der Sohn einer reichen Brahmanen-Familie. Er floh aus der Stadt, in der er mit seiner Familie gelebt hatte, und beschloss, aus seiner Heimat wegzuziehen und sich die weite Welt anzusehen.

Lange Zeit wanderte er ziellos im Land umher und wusste nicht recht, was er mit sich anfangen sollte. Irgendwann aber hatte er genug vom Herumziehen und beschloss ein Gelehrter zu werden. In der Stadt Takkasila, die dafür bekannt war, dass in ihr die besten Gelehrten des ganzen Landes lebten, nahm er beim berühmtesten Lehrer Unterricht. Wissbegierig und klug wie er war, meisterte der junge Mann in wenigen Jahren alle Fächer. Als der Gelehrte ihm nichts mehr beibringen konnte, machte sich der junge Brahmane wieder auf den Weg, um neue, unbekannte Gegenden kennen zu lernen.

Er hatte schon fast die Grenze des Königreiches erreicht, als er in der Ferne eine Stadt aufragen sah. Neugierig wanderte er darauf zu. Die Stadt war von einer

hohen Mauer umgeben und davor waren Schilder aufgestellt, auf denen in großen Buchstaben stand: »Betreten verboten« und »Verbotene Stadt« und »Weiterge-
hen verboten«.

Das machte den jungen Brahmanen stutzig. Warum
durfte man diese Stadt nicht betreten? Und wieso waren
auch die Felder und der kleine Wald, die zur Stadt ge-
hörten, von der hohen Mauer eingeschlossen?
    An jedem der vier Stadttore standen bewaffnete Sol-
daten. Der junge Brahmane ging auf einen von ihnen zu
und fragte: »Warum darf man nicht in die Stadt hinein?«

»Weil es verboten ist!«, schnauzte der ihn an. »Du bist doch ein Brahmane, kannst du denn nicht lesen?«

»Ich kann schon lesen«, antwortete der Brahmane und versuchte ruhig zu bleiben, »Ich will ja nur wissen, warum es verboten ist!«

»Mann, du bist aber schwer von Begriff. Hier leben die Unberührbaren, die für Leute wie dich einfach nicht existieren, verstehst du? Aber da es sie nun mal gibt, haben sie ihre eigene Stadt, ihre eigenen Felder und ihren eigenen Wald, kapiert!?« Böse funkelte der Soldat ihn an. Der Brahmane zog sich kleinlaut zurück. »Ist ja schon recht, ich gehe ja schon ... «, murmelte er entschuldigend.

Doch die Neugier plagte ihn weiter und er fragte sich, wie es wohl in der verbotenen Stadt aussehen würde. Langsam ging er die Mauer entlang und sah sie sich genau an. Nach einer Weile entdeckte er an einer unbewachten Stelle einen ziemlich schmalen Spalt. Er zwängte sich mit einiger Mühe hindurch und betrat die Stadt. Die Häuser sahen aus wie die in anderen Städten auch: Manche waren ziemlich verfallen und baufällig, doch andere waren frisch gestrichen und hatten Blumen vor den Fenstern. Auf den Straßen herrschte geschäftiges Treiben. An den Menschen konnte der junge Brahmane auch nichts Auffälliges feststellen. Einige waren ärmlich gekleidet, so dass sie wirklich nur ein paar Fetzen um den Körper geschlungen hatten, aber das gab es in anderen Städten auch. Ab und zu sah er Menschen, die entstellte Glieder und Gesichter hatten, aber auch das war kein ungewöhnlicher Anblick zu dieser Zeit.

Wie er so durch die Straßen schlenderte, blieben die Leute stehen und sahen ihn mit großen Augen an. Es kam anscheinend nur sehr selten oder vielleicht sogar nie vor, dass ein Fremder in der Stadt auftauchte. Da fiel sein Blick auf einen alten Mann, der einen Karren durch die Stadt zog, auf dem lauter frische, saftige Mangos lagen. Der junge Brahmane starrte ungläubig auf die Früchte, denn es war überhaupt nicht die Jahreszeit für Mangos. Im ganzen Land konnte man im Augenblick keine bekommen. Er fasste sich also ein Herz und fragte den Alten, woher er die Früchte hätte. Freundlich antwortete dieser: »Ich kenne einen Zauberspruch, mit dem kann ich die Mangos zu jeder Jahreszeit wachsen und reifen lassen.«

Ungläubig schüttelte der Brahmane den Kopf und sagte: »Mit einem Zauberspruch? Das glaube ich nicht!«

Der Alte lächelte. »Morgen werde ich wieder frische Mangos herbeizaubern. Wenn du willst, kannst du mir dabei zusehen«, sagte er und schenkte dem jungen Brahmanen eine von seinen Früchten.

»Das würde ich sehr gern!«, antwortete der junge Brahmane, denn er war neugierig geworden.

»Komm morgen früh noch vor Sonnenaufgang in den Wald. Dort treffen wir uns! Du wirst mich schon finden«, sagte der Alte, verabschiedete sich und zog mit seinem Wagen weiter durch die Straßen.

Im Morgengrauen machte sich der junge Brahmane auf den Weg in den Wald. Die Vögel zwitscherten und ein zarter Dunstschleier lag über dem Boden. Es würde ein wunderschöner Tag werden! Er streifte durch das taunasse Gras und fand den Mangoverkäufer, ohne dass er ihn lange suchen musste. Der Alte stand in einem Abstand von zwei Metern vor einem Mangobaum, der freilich – wie alle Mangobäume zu dieser Zeit – ganz ohne Früchte war. Leise sprach der alte Mann eine Zauberformel vor sich her. Dann warf er eine Hand voll Wasser gegen den Baum, so dass der Stamm nass davon wurde. Im nächsten Augenblick bildeten sich Knospen, sie erblühten und verblühten in einem Augenblick, und schon sah der junge Brahmane, dass Mangofrüchte wuchsen. Zuerst waren sie noch sehr klein, aber schon im nächsten Moment waren sie groß, rot und reif. Sie schienen ihn anzulächeln und zum Pflücken einzuladen. Er war Zeuge eines Wunders geworden.

Der Alte, der in Wirklichkeit der Buddha war, lächelte, als er das verdutzte Gesicht des Brahmanen sah. »Nimm so viel von den Früchten, wie du willst!«, forderte er ihn auf.

Der junge Mann ließ sich nicht zweimal bitten und pflückte so viele Früchte, wie er in seinem Sack, den er mitgebracht hatte, verstauen konnte. Der Alte belud danach die Körbe auf seinem Karren und zog damit in die Stadt.

Der junge Brahmane kostete von den Früchten: Sie waren herrlich süß und saftig, er konnte sich nicht daran erinnern, jemals bessere gegessen zu haben. In Gedanken versunken ging er zurück in Richtung Stadt. »Wenn der Alte mich den Zauber lehren würde, könnte ich berühmt und reich werden! Jedes Kind weiß, wie gern unser König Mangos isst. Vielleicht könnte ich dem König näher kommen, wenn ich ihm das ganze Jahr hindurch Mangos schenken würde? Ein Platz in seinem Beraterstab, das würde mir gut gefallen ... « Nachdenklich fuhr er sich mit der Hand durchs Haar. »Ich muss versuchen den Alten zu überreden, mir den Zauberspruch beizubringen!«, beschloss er und fragte herum, wo der alte Mangoverkäufer wohnte.

Beim Haus des Mangoverkäufers traf er nur dessen Frau an. »Guten Tag!«, grüßte der junge Brahmane höflich. »Wo ist dein Mann?«

»In der Stadt, um Mangos zu verkaufen«, antwortete sie zögernd.

»Gut, ich werde warten!«, sagte der Brahmane und setzte sich in den Schatten einer Palme. Kritisch betrachtete ihn die alte Frau. »Er will den Zauber lernen und damit berühmt werden!«, überlegte sie und schüttelte den Kopf. »Warum sind die Menschen nur immer so gierig darauf, entweder berühmt zu werden oder reich und wenn möglich beides zusammen«, dachte sie traurig. Ihr Mann hätte durch den Zauber steinreich und weltberühmt werden können, doch sie beide waren sich einig, dass er nur so viele Mangos herbeizauberte, wie sie für ihren Lebensunterhalt brauchten.

Nach einiger Zeit kam der Alte aus der Stadt zurück. Der junge Brahmane stand erwartungsvoll auf. Da sagte der Alte zu seiner Frau, ohne den Brahmanen eines Blickes zu würdigen: »Der Brahmane ist gekommen, um den Zauber zu erfahren. Doch der Zauber wird nicht bei ihm bleiben, denn im Grunde seines Herzens ist der junge Mann ein sehr unreifer Mensch.«

Die alte Frau nickte.

Der junge Brahmane erstarrte, als er das hörte. Doch so schnell wollte er nicht aufgeben. Blitzschnell schmiedete er einen Plan und sagte: »Ihr seid beide alt. Wenn ihr nichts dagegen habt, würde ich euch gerne bei eurer Arbeit helfen!«

Der Frau des Mangoverkäufers war das zwar nicht recht, denn ihr war klar, dass der junge Mann ihnen seine Hilfe nur anbot, um den Zauberspruch zu bekommen. Doch da ihr Mann nichts dagegen hatte, willigte auch sie ein.

Der Brahmane half ihnen beim Holz holen und Holz hacken. Er stampfte den Reis, holte Wasser, kochte, wusch die Wäsche und vieles mehr.

Nach einigen Monaten sagte die alte Frau eines Tages zu ihrem Mann: »Der Junge tut viel, um den Zauber zu bekommen. Obwohl er von hoher Geburt ist, dient er uns Ausgestoßenen. Gib ihm den Zauber, es wird ihn freuen!«

Der alte Mann nickte und rief den jungen Brahmanen herbei. »Du sollst den Zauber haben. Du weißt, dass er unendlich wertvoll ist, du kannst durch ihn sehr reich und berühmt werden. Der Zauber ist aber an eine Bedingung geknüpft: Wenn dich irgendjemand fragt, und sei es ein Minister oder sogar der König persönlich, wer dich den Zauber gelehrt hat, dann verschweige nicht meinen Namen und meine Herkunft. Wenn du aus Scham darüber, dass ich ein Ausgestoßener bin, jemand anderen als mich nennst, wird der Zauber dich sofort verlassen!«

»Warum sollte ich deinen Namen verheimlichen?«, sagte der junge Brahmane. »Wenn mich jemand danach fragt, werde ich ihn selbstverständlich auch nennen!«

Der Alte brachte ihm den Zauberspruch bei und der junge Brahmane ging sofort los, um auszuprobieren, ob er auch bei ihm wirkte. Er stellte sich in einer Entfernung von zwei Metern vor einen Mangobaum, sagte leise den Zauberspruch vor sich her, besprengte den

Stamm mit etwas Wasser und siehe da! Es bildeten sich in Windeseile Knospen, und Blüten erschienen, die im nächsten Moment gleich wieder verblühten. In kurzer Zeit reiften an dem Baum die allerschönsten Mangofrüchte, die man sich nur wünschen konnte. Der junge Brahmane war außer sich vor Freude. Er umarmte den alten Mann und machte Freudensprünge in die Luft. »Ich kann zaubern, ich kann zaubern!«, rief er und klatschte dabei in die Hände. Dann bedankte er sich hastig, verabschiedete sich noch am selben Tag von den beiden Alten und verließ die Stadt der Ausgestoßenen. So schnell er konnte ging er nach Benares, in seine Heimatstadt, zurück.

Bald hatte er dort einen schwunghaften Mangohandel aufgebaut und er konnte Leute einstellen, die die Geschäfte für ihn regelten. Das Einzige, was er zu tun hatte, war, jeden Tag so viele Mangos herbeizuzaubern, wie er nur konnte.

Schließlich wurde auch der König auf ihn aufmerksam, denn der junge Brahmane ließ ihm täglich frische Mangos in den Palast schicken. Nach einiger Zeit wurde der König neugierig, woher denn die Mangos eigentlich kamen, denn zur Zeit gab es im ganzen Land keine frischen Mangos. Er ließ den Verkäufer, der regelmäßig die Früchte vorbeibrachte, zu sich rufen.

»Junger Mann, woher hast du eigentlich immer diese herrlichen Mangos?«, fragte er. »Sie schmecken so köstlich, so saftig, sie duften so gut und haben eine so außergewöhnlich schöne Farbe! Schenkt sie dir vielleicht ein Dämon oder ein Gott?«

Der Angestellte war sichtlich verwirrt und unsicher, weil er vor dem König stand, und er stotterte:»Ich bringe die Mangos nur hierher; mein Meister, ein junger Brahmane, schafft sie herbei. Ich weiß nicht, woher er sie hat!« Dabei verbeugte er sich tief und schaute schüchtern zu Boden.

»Dann sage deinem Meister«, sagte der König freundlich,»dass ich ihn gerne kennen lernen möchte. Er möge morgen Nachmittag zu mir kommen!«

»Jawohl Euer Majestät!«, antwortete der Mann und zog sich so schnell er konnte zurück. Vor lauter Aufregung war er völlig durcheinander. Sofort ging er zu dem jungen Brahmanen und erzählte ihm alles.

Der junge Brahmane rieb sich erfreut die Hände:»Endlich!«, sagte er und strahlte über das ganze Gesicht.»Darauf habe ich schon lange gewartet!«

Am nächsten Tag kleidete sich der junge Brahmane sorgfältig an und machte sich auf den Weg zum König. Ehrerbietig verbeugte er sich vor ihm und fragte, womit er zu Diensten sein könne.

Der König antwortete:»Bist du derjenige, der uns die Mangos hier jeden Tag vorbeibringen lässt?«

»Jawohl, mein König, der bin ich!«, antwortete der junge Brahmane stolz.

»Wie kommt es, dass du sie das ganze Jahr über liefern kannst, auch wenn nirgends im Land Mangos wachsen? Gibt sie dir ein Gott oder ein Dämon?« Erwartungsvoll sah der König ihn an.

»Niemand gibt sie mir, mein König!«, antwortete der junge Brahmane stolz. »Aber ich besitze einen Zauber und durch dessen Kraft wachsen die Mangos.«

»Kannst du mir das vorführen?«, fragte der König neugierig. »Ich würde mir das gerne mal mit eigenen Augen ansehen!«

Der junge Mann verbeugte sich erneut tief vor dem König. »Gerne Euer Majestät, mit dem größten Vergnügen!«

Am nächsten Tag trafen sie sich im Morgengrauen an einem Mangobaum im königlichen Park. Eine große Zahl von Dienerinnen und Dienern begleitete den König. Alle waren sehr gespannt darauf, was sie nun zu sehen bekommen würden.

Der junge Mann stellte sich in einem Abstand von zwei Metern vor einen Baum, der, wie sie alle wussten, schon ziemlich alt war und sowieso jedes Jahr nur wenige kleine Früchte trug. Wie wollte der Brahmane aus diesem Mangobaum noch große, saftige Früchte zaubern?

Der junge Brahmane sprach die Zauberformel, sprengte eine Hand voll Wasser gegen den Stamm und es kamen

Knospen hervor, die zu Blüten wurden, die zu kleinen
Früchten wurden und die in
Windeseile zu den saftigsten
und köstlichsten Mangos her-
anwuchsen, die man sich nur vorstellen konnte. So viele
Früchte hatte der Baum in den ganzen letzten Jahren
zusammengenommen nicht getragen! Die Begleiter des

Königs brachen in Ah und Oh Rufe aus und klatschten Beifall. Der König beglückwünschte den jungen Brahmanen. »So etwas habe ich noch nie gesehen. Wie ich gehört habe, bist du nicht nur ein reicher Mangohändler sondern auch ein Gelehrter. Ich habe mich nach dir erkundigt und erfahren, dass du bei dem berühmtesten Gelehrten in Takkasila studiert und mit Auszeichnung abgeschlossen hast. Ich würde mich freuen, wenn du Mitglied in meinem Beraterstab werden würdest!«

Der Brahmane strahlte über das ganze Gesicht und fiel vor dem König auf die Knie. »Euer Majestät, ich wüsste nicht, was ich lieber täte!«

Damit hatte der junge Brahmane sein Ziel erreicht. Er war in den Beraterstab aufgenommen und nahm an den geheimen Sitzungen teil, in denen über die wirklich wichtigen Dinge im Königreich entschieden wurde.

Eines Tages ließ der König ihn zu sich rufen, weil er das Mango-Wunder wieder einmal mit eigenen Augen sehen wollte. Gerne kam der junge Brahmane, um dem König diesen Wunsch zu erfüllen. Er hoffte, damit vielleicht sogar die Freundschaft des Königs zu gewinnen.

Er stellte sich wieder zwei Meter vor einen wirklich unscheinbaren, ziemlich kleinen Mangobaum, murmelte den Zauberspruch und besprengte den Stamm mit Wasser. Und wie jedes Mal brachen auch diesmal viele Knospen hervor, die zu Blüten wurden, die zu kleinen

Früchten wurden und in Windeseile zu reifen, saftigen Mangos heranwuchsen.

Voller Bewunderung klopfte der König dem jungen Brahmanen auf die Schulter. »Gratulation, mein lieber Brahmane! So etwas Wunderbares zu sehen ist jedes Mal von neuem eine Überraschung!«
Der junge Brahmane lächelte zufrieden. Der König fragte: »Wo hast du dies gelernt?«
Der junge Brahmane erstarrte. Eine solche Frage hatte er immer befürchtet. Wenn er jetzt antworten würde »bei einem Ausgestoßenen«, wäre das sehr peinlich für ihn und er hatte Angst ausgelacht und verspottet zu werden. Vielleicht würde er sogar seinen Platz im Beraterstab verlieren, denn es war unter der Würde eines Brahmanen, mit einem von der Gesellschaft Ausgestoßenen Umgang zu haben.
»Ich kann die Zauberformel auswendig, niemand kann sie mir mehr wegnehmen!«, dachte er schließlich und so antwortete er: »Den Zauber gab mir ein berühmter Lehrer in Takkasila, aber ich habe ihm versprechen müssen, seinen Namen nicht zu nennen.«

Der König nickte, bedankte sich noch einmal für die Vorführung des Zaubers und ging zufrieden zurück in seinen Palast.
Schon am nächsten Tag wollte der König den Mango-Zauber erneut miterleben, da er vorhatte, ihn als be-

sondere Attraktion dem König des Nachbarreiches vorführen zu lassen, der ihn bald besuchen wollte. Er ließ
also den jungen Brahmanen rufen. Gemeinsam gingen
sie in den Park und suchten sich einen Mangobaum.
Der König setzte sich auf eine Steinbank und schaute
dem jungen Mann zu, wie er sich in zwei Metern Abstand vor den Baum stellte, die Zauberformel aufsagte
und den Stamm mit Wasser besprengte.

Doch nichts geschah. Nichts rührte sich. Keine Knospen
traten hervor und verwandelten sich in köstliche Früchte. Nur ein leichter Windzug bewegte die Blätter, das
war alles.

Erschrocken starrte der Brahmane den Mangobaum an.
Hatte er vielleicht die Zauberformel zu hastig herunter-
gesagt? Stand er zu weit vom Baum entfernt? Hatte er
den Stamm nicht richtig mit Wasser besprengt? Voller
Panik versuchte er es noch einmal. Er stellte sich im vor-
geschriebenen Abstand vor den Baum, sprach sorgfältig
die Zauberformel und besprengte dann den Stamm erneut mit Wasser. Schweißperlen standen ihm auf der
Stirn und seine Hände zitterten. Erstaunt und schon etwas ungeduldig sah der König ihn an. Stimmte etwas
nicht?

Wieder geschah nichts und in diesem Augenblick wurde
dem jungen Brahmanen voller Entsetzen klar, dass der

Zauber ihn verlassen hatte, weil er den Alten aus der Stadt der Ausgestoßenen verleugnet hatte.

Der König wunderte sich sehr, wieso der junge Mann es diesmal nicht schaffte, die Früchte herbeizuzaubern. Er fragte den jungen Brahmanen, der völlig erstarrt vor dem Baum stand:»Was ist los? Warum klappt es heute nicht?«

Der junge Mann antwortete stockend:»Euer Majestät müssen verstehen, ich, äh, ich«, stotterte er,»... äh, der Zeitpunkt war schlecht gewählt, die Planeten am Himmel stehen heute nicht günstig. Da wirkt der Zauber nicht. Sobald der richtige Moment gekommen ist, wird der Baum wieder Früchte tragen!«

Argwöhnisch sah der König den Brahmanen an. Bisher war nie von irgendwelchen Planeten oder günstigen Zeitpunkten die Rede gewesen.»Das kann ich mir nicht vorstellen. Zuvor hast du zu jeder Tages- und Nachtzeit Mangos zaubern können, da steckt doch etwas anderes dahinter?«, fragte er in strengem Ton.

Der junge Brahmane verlor alle Hoffnung. Er konnte den König nicht täuschen. Beschämt senkte er den Kopf und sagte leise:»Ein von der Gesellschaft Ausgestoßener hat mir die Zauberformel beigebracht. Er trug mir auf, ihn als Urheber des Zaubers nicht zu verschweigen, weil sonst der Zauber mich verlassen würde. Ich habe ihn gestern verleugnet, es war mir peinlich ihn zu nennen!«

Der König schüttelte den Kopf. Wie konnte der junge Mann nur so dumm sein, diesen wertvollen Zauber nicht besser zu bewahren! Die Herkunft spielte bei einer so wunderbaren Sache doch überhaupt keine Rolle! Aus falschem Stolz und Unreife hatte der junge Brahmane einen solch einzigartigen Zauber verloren.

Der König dachte eine Weile nach, dann sprach er streng:»Unreife Menschen kann ich in meinem Beraterstab überhaupt nicht brauchen. Es werden dort wichtige Entscheidungen getroffen und dies können nur Menschen, die zu dem stehen, was sie tun. Hiermit bist du entlassen! Geh zurück zu dem Ausgestoßenen und bitte ihn um Verzeihung. Vielleicht bringt er dir den Zauber ja noch einmal bei. Als Berater will ich dich jedenfalls nie mehr sehen!«

Der junge Brahmane stolperte verzweifelt die Straße entlang.»Ich muss zu dem Alten zurück und mich entschuldigen; es gibt keinen anderen Ausweg für mich! Vielleicht bringt er mir den Zauber noch einmal bei.«

Am selben Tag noch machte er sich auf den Weg. Er hoffte, in dem Alten Mitleid zu erwecken, wenn er sich nur reuevoll genug zeigen würde. Um auch ganz bestimmt nichts falsch zu machen, übte der junge Brahmane, so oft es ging, das Gespräch. Mit der Zeit hatte er es geschafft, einen ganz zerknirschten Tonfall hinzubekommen. Er aß auch nur sehr wenig, um abgemagert und hilfsbedürftig auszusehen, wenn er bei den beiden Alten ankam.

Als er die verbotene Stadt erreichte, zerriss er sich die Kleider, um noch elender auszusehen. Er schlüpfte durch den geheimen Durchgang und wankte die Straße entlang zum Haus des alten Ehepaares.

Schon von weitem sah der alte Mann ihn kommen. »Sieh!«, sprach er zu seiner Frau und zeigte mit dem Finger auf ihn. »Da kommt er zurück. Der Zauber hat ihn sicher verlassen, weil er mich verleugnet hat!«

»Er sieht ziemlich heruntergekommen und krank aus«, bemerkte seine Frau, »was das wohl zu bedeuten hat?«

Als der junge Mann das Haus erreicht hatte, fiel er auf die Knie und grüßte den Alten ehrerbietig. »Warum bist du zurückgekommen?«, fragte der alte Mann.

»Oh mein Lehrer!«, rief der junge Brahmane unter Tränen und warf sich ihm vor die Füße. »Mir geht es erbärmlich!«

Der alte Mann schwieg.

Der junge Brahmane schlug die Hände vors Gesicht und presste mit tränenerstickter Stimme hervor: »Ich habe versagt!«

Der Alte fragte knapp: »Worin hast du versagt?«

Der junge Mann schnäuzte sich die Nase und wischte eine dicke Träne weg, die seine schmutzverschmierte Wange herunterkullerte, starrte auf den Boden und flüsterte kaum hörbar: »Ich habe dich als meinen Lehrer verleugnet!«

Der alte Mann schwieg.

»Ich bitte dich vielmals um Verzeihung! Es tut mir so schrecklich Leid!«, jammerte der junge Brahmane und stöhnte dabei herzzerreißend. Tränen flossen aus seinen Augen und hinterließen auf seinem schmutzigen Gesicht deutliche Laufspuren.

»Kannst du mir den Zauber vielleicht noch einmal beibringen?«, fragte er mit kläglichem Stimmchen und schaute ihn von unten her aus großen, unschuldigen Augen an.

Der alte Mann sah ihn verwundert an: »Ich verstehe dich nicht. Ich habe dir den Zauber gegeben und dir die Bedingung genannt, unter der er bei dir bleiben wird. Ich weiß nicht, was du jetzt noch hier willst.«

»Bitte!«, bettelte der junge Brahmane.

Der Alte betrachtete ihn lange, dann sagte er: »Ich habe dir die Worte des Zaubers beigebracht, du hast sie auswendig gelernt. Der Zauber hätte dich nicht verlassen, wenn du meinen Namen und meine Herkunft nicht verleugnet hättest, das wusstest du. Du hast einen wunderbaren, unschätzbar wertvollen Zauber besessen und hast ihn weggeworfen! Und das nur, weil du dich geschämt hast, den Namen eines Ausgestoßenen als deinen Lehrer zu nennen. Du hast dich als unwürdig erwiesen, den Zauber zu behalten. Verlass uns jetzt!«

Verzweifelt stolperte der junge Brahmane die Straße entlang und beklagte sein Schicksal. »Wie schlecht ist die Welt zu mir!«, jammerte er. »Wie ungerecht und lieblos ist der Alte! Ich habe mich so angestrengt, Reue zu zeigen, und er ist nicht darauf eingegangen!«

Heulend und klagend kroch er durch den Durchschlupf in der Mauer. »Diese Stadt hat mir nur Unglück gebracht!«, schimpfte er. »Ich werde sie nie wieder betreten«, schwor er sich und blickte an sich herunter. Sein Gewand war schmutzig und zerrissen, er sah aus wie einer der vielen Bettler, die es in jeder Stadt zuhauf gab. Wütend kickte er einen Stein vor sich her. Er ärgerte sich maßlos, dass der Alte ihm nicht geholfen hatte und die Reise in die Stadt der Ausgestoßenen umsonst gewesen war.

Wie Prinz Bosheit seinen Thron verlor

Im Königreich Benares lebte einmal ein ganz und gar gemeiner Prinz. Er war so unverschämt, bösartig, hasserfüllt und grausam, dass alle ihn nur Prinz Bosheit nannten. Er sprach keinen einzigen Satz, ohne dass darin nicht Schimpfwörter, Flüche und Verwünschungen vorkamen. Wenn er durch die Straßen von Benares ging, nahmen alle Menschen schnell Reißaus, denn keiner wollte ihm begegnen. Brutal fasste er Leute am Kragen und schüttelte sie durch, wenn sie ihm auf seine Fragen nicht sofort das antworteten, was er hören wollte. Frauen und Kindern spuckte er ins Gesicht, wenn er sie nur lachen hörte. Erwachsene Männer ließ er auspeitschen, wenn er sie dabei erwischte, dass sie sich einen Witz erzählten. Er hasste die ganze Welt und niemand im ganzen Reich konnte ihn leiden.

Eines Tages hatte Prinz Bosheit Lust im Fluss zu baden. Er befahl seinen Dienerinnen und Dienern ihn zum Ufer zu begleiten. Doch als sie sich auf den Weg machten, kam plötzlich ein schrecklicher Sturm auf und trieb dunkle, tiefhängende Gewitterwolken vor sich her. Von einem Augenblick auf den nächsten war es stockdunkel geworden. Es blitzte und donnerte Furcht erregend. Prinz Bosheit war das gerade recht. Er freute sich, dass die Hofleute, die sonst immer fröhlich miteinander plauderten, scherzten und sich Neuigkeiten erzählten, vor Angst und Schreck verstummt waren. »Das geschieht euch Recht, dumme, faule Bande! Verdammt noch mal, bewegt euch! Nur nicht so langsam! Ich will zum Fluss und dort baden, habt ihr kapiert, ihr Hosenscheißer?«

Die Bediensteten zuckten zusammen. »Warum kann er bei einem solchen Wetter nicht zu Hause bleiben?«, dachten sie und seufzten unglücklich.

»Ihr klapprigen Angsthasen, ihr Nichtsnutze, tragt mich mitten hinein in den Fluss und badet mich dort. Danach könnt ihr mich wieder nach Hause tragen!«, brüllte Prinz Bosheit laut und wütend. Ängstlich sahen sich die Diener an. Inzwischen regnete es wie aus Kübeln. Sintflutartig stürzten Wassermassen auf die Erde; der Fluss war durch den Wind aufgepeitscht und zu einem reißenden Strom geworden. Da konnte man leicht davongetragen werden und untergehen.

»Wollen Euer Majestät es sich nicht noch einmal überlegen?«, wagte ein mutiger Diener einzuwenden.

Da platzte dem Prinzen der Kragen: »Ihr Versager, verdammt noch mal, habt ihr nicht gehört? Ich will baden! Scheiß auf das Mistwetter!« Und er ballte die Faust und reckte sie gegen den Himmel. Im selben Moment zuckte ein Blitz über die Wolken und tauchte den Prinzen mit samt seinem Gefolge in ein übernatürlich grelles Licht. Kurz danach donnerte es so laut, als ob ein ganzer Berg in sich zusammenstürzte. Einige der Bediensteten fingen an zu weinen. Der Prinz lachte sie schallend aus. »Ihr Mamakinder, macht ihr euch wegen eines kleinen Gewitterchens schon in die Hosen!? Hahaha!«

Sechs starke Diener traten vor und trugen Prinz Bosheit mitten hinein in den Fluss. Die Wellen tosten um sie herum, rissen an ihren Beinen und versuchten sie davonzuzerren. Mehrmals drohten sie umzufallen. Schon am

Ufer hatten die Diener aber kurz beratschlagt, ob sie diese Gelegenheit nicht nutzen sollten, den Prinzen einfach ins Wasser zu werfen. Der reißende Strom würde ihn wegtragen und er würde mit Sicherheit untergehen. Dann wären sie dieses Prinzenmonster endlich los.

Als sie in der Flussmitte angelangt waren, rief der oberste der Diener laut: »Jetzt!« Das war das Zeichen für die anderen und sie stießen Prinz Bosheit hinein in die schmutzigen Wellen, dorthin, wo der Sog am stärksten war. Der Prinz schrie vor Zorn und Wut. Wie ein Tier brüllte er, stieß die übelsten Verwünschungen aus und drohte ihnen. Doch eine riesige Welle rollte heran und er verschluckte sich: Hustend und rülpsend wurde er vom Wasser davongetragen.

Die sechs Diener reichten sich furchtsam die Hände, damit der Fluss keinen davonreißen konnte. Unter größten Anstrengungen schafften sie es, wieder ans Ufer zu kommen. Die anderen beglückwünschten sie und sie fielen einander vor Freude in die Arme. Prinz Bosheit waren sie ein für alle Mal los!

Fröhlich singend machten sie sich trotz des tobenden Unwetters auf den Weg in die Stadt. Kurz vor dem Palast taten sie dann so, als seien sie sehr traurig. Der oberste der Diener übernahm die Aufgabe, dem König vom Verschwinden seines Sohnes zu berichten.

»Wie konnte das denn passieren?!«, fragte der König

kreidebleich. Prinz Bosheit war leider sein einziger Sohn und der Erbe des Throns. Der König war zwar auch entsetzt über das schlechte Betragen seines Sohnes, aber was sollte er tun?

»Er ging bei dem schrecklichen Unwetter ins Wasser und wollte baden, dann kam eine große Welle und wir haben ihn nicht mehr gesehen«, antwortete der oberste der Diener und verneigte sich demütig.

»Warum habt ihr ihn denn nicht zurückgehalten?«, fragte der König und erhob sich die Hände ringend von seinem Thron.

»Euer Majestät, Ihr kennt doch Euren Sohn. Von uns lässt er sich nichts sagen!« Entschuldigend trat der Diener ein paar Schritte zurück und verbeugte sich dabei.

»Schon gut!«, rief der König. »Ruf bitte die Palastwache zusammen, ich will mit ihnen zum Fluss gehen und das Ufer absuchen. Vielleicht lebt er ja noch und ist nur verletzt!«

Es geschah, wie der König befohlen hatte. Die Palastwache suchte sorgfältig das Flussufer ab und auch der König selbst lief am Fluss auf und ab und rief laut nach seinem Sohn. Doch sie konnten ihn nirgends finden.

Der Prinz war zwar noch am Leben, aber er war weit fortgespült worden. Anfangs war er von den schmutzigen Fluten mitgerissen worden und er wäre tatsächlich fast ertrunken, wenn nicht ein großer Baumstamm vor-

beigekommen wäre. An den klammerte sich Prinz Bosheit und schrie nun aus vollem Hals, weil er große
Angst vor dem Ertrinken hatte.

Der Baumstamm wurde an
einer Stelle des Ufers vorbeige-
spült, wo eine Schlange und
eine Ratte ihre Wohnung hat-

ten. Beide Tiere hatten in Ufernähe einen Schatz vergraben, die Schlange vierzig große Goldstücke und die Ratte dreißig Silberstücke. Als der Fluss immer mehr anschwoll, drang das Wasser in Sturzbächen in ihre Wohnungen ein. In wilder Flucht hasteten sie aus ihren Höhlen, um nicht zu ertrinken, doch sie wussten nicht, wohin sie sich wenden sollten. Da sahen sie einen großen Baumstamm auf den hohen Wellen tanzen und er schien ihnen die einzige Rettung zu sein. Die Schlange wand sich am einen Ende des Stammes um einen hervorstehenden Ast und die Ratte klammerte sich am anderen Ende fest.

Am Ufer des Flusses wuchs auch ein schöner Baumwollstrauch, in dem ein junger Papagei lebte. Als das Wasser stieg und die Ufer überflutete, erreichte es auch den Strauch und entwurzelte ihn, so dass er ins Wasser fiel. Da es immer noch in Strömen regnete, konnte der Papagei sich nicht in die Lüfte erheben, denn die Regentropfen klatschten schwer gegen seine Flügel und drückten ihn nieder. Zum Glück kam gerade der Baumstamm vorbeigetrieben; auf dem konnte der Papagei sich niederlassen – sonst wäre er jämmerlich im schmutzigen Flusswasser ertrunken.

Der Baumstamm steuerte nun auf eine Flussbiegung zu. An dieser Stelle hatte ein Einsiedler seine Hütte errichtet. Dort lebte er und führte ein einfaches Leben. Er studierte viele kluge Schriften und meditierte jeden Tag viele Stunden lang. Dieser Einsiedler war der Buddha.

Der Baumstamm wurde mit einer Menge anderen Treibguts ans Ufer gespült, denn in der Flussbiegung sammelte sich alles, was der Fluss mit sich führte. Obwohl der Regen laut auf das Strohdach seiner Hütte klatschte, hörte der Einsiedler die Hilferufe, die vom Fluss her kamen, und ging nachschauen. Zwischen all dem Treibgut entdeckte er den Baumstamm, an den sich vier erschöpfte Wesen klammerten. Zuerst rettete der Einsiedler die drei Tiere, weil sie die Schwächsten waren. Dann zog er den Prinzen vom Baumstamm und trug auch ihn zu seiner Hütte.

Er machte ein kleines Feuerchen und wärmte liebevoll die kleinen Tiere, die vollkommen durchnässt und am Ende ihrer Kräfte waren. Danach kümmerte sich der Einsiedler um den Prinzen. Der war ein starker und durchtrainierter Mann, er war zwar erschöpft aber nicht ernsthaft geschwächt. Der Einsiedler gab ihm frische Kleider und ein Tuch, damit er sich abtrocknen konnte, und bereitete dann etwas zu essen. Er fütterte das schwächste Tier zuerst – den Papagei, dann die Schlange und dann die Ratte. Erst danach widmete er sich dem Prinzen. Der kochte schon wieder vor Zorn, weil er sich vom Einsiedler vernachlässigt fühlte. »Was will er denn mit den dämlichen Tieren, verdammt noch mal? Dieser gemeine, blöde Einsiedler hat noch nicht einmal vor meiner königlichen Abstammung Respekt! Na warte, Bürschchen, dir werde ich's zeigen, wenn ich erst wieder bei Kräften bin!«, dachte Prinz Bosheit wütend. Er sagte aber nichts, denn er hatte so viel Flusswasser verschluckt, dass ihm noch ganz schlecht war.

Durch die gute Pflege des Einsiedlers kamen die vier schnell wieder zu Kräften. Schon bald waren sie wieder gesund und wollten dorthin zurück, wo sie ihre Wohnungen und ihre Freundinnen und Freunde hatten.

Die Schlange sagte als Erste Lebwohl und verabschiedete sich: »Lieber Einsiedler, ich verdanke dir mein Leben. Ich stehe tief in deiner Schuld. Dort, wo ich wohne, habe ich vierzig große Goldstücke vergraben. Wann immer du sie brauchst, komm zu mir, ich werde sie dir geben!«

Der Einsiedler bedankte sich sehr für dieses Angebot und wünschte der Schlange eine gute Heimreise. Die Ratte verabschiedete sich ebenfalls und versprach dem Einsiedler ihren Schatz von dreißig Silberstücken: »Wann immer du Geld benötigst, komm zu mir, ich werde es dir geben!«

Auch der Papagei machte sich für den Rückflug fertig. »Vielen Dank, lieber Einsiedler, du hast mir das Leben gerettet«, sprach er und spreizte dabei die Flügel, so dass man alle Farben sehen konnte. »Ich habe zwar weder Gold noch Silber, das ich dir geben könnte. Wenn du aber jemals Reis brauchst, dann komm zu mir. Ich werde dir gemeinsam mit meinen Freunden ganze Wagenladungen voll zusammenpicken!«

»Vielen Dank ihr lieben Tiere!«, sagte der Einsiedler gerührt. »Ich werde eure Angebote nicht vergessen!«

Als Letzter brach der Prinz auf. Sein Herz war voller Wut, denn er fand den Einsiedler gemein und ungerecht, weil er ihn schlechter behandelt hatte als die Tiere. Eigentlich hatte er nur einen Wunsch: Dem Einsiedler dieses unhöfliche Verhalten heimzuzahlen. Am liebsten hätte er ihn auf der Stelle erwürgt, weil ihm das freundliche Verhalten des Einsiedlers den Tieren gegenüber furchtbar auf die Nerven gegangen war. Doch er hatte sich inzwischen einen anderen grausamen Plan ausgedacht.

»Natürlich werde auch ich dich reich beschenken, wenn du zu mir in mein Reich kommst!«, sagte der Prinz und lächelte verschlagen. »Bald werde ich nämlich den Thron erben und König sein, dann werde ich dir alle Ehren erweisen und dir alles geben, was du willst!«

In Wirklichkeit malte sich der Prinz aus, auf welche Art er ihn vor seinen Untertanen demütigen und danach besonders grausam töten könnte.

»Vielen Dank, Prinz, ich nehme das Angebot gerne an!« Der Einsiedler verabschiedete sich freundlich.

Nachdem einige Zeit vergangen war, wollte der Einsiedler testen, ob die Tiere und der Prinz das, was sie versprochen hatten, auch einhalten würden. Er machte sich auf den Weg und ging als Erstes zum Papagei. Er rief seinen Namen und wartete ab. Und siehe da, es dauerte keine Minute und der Papagei flatterte vor ihm herum und ließ sich auf der Schulter des Einsiedlers nieder.

»Schön, dass du mich besuchst!«, krächzte er. »Es ist mir eine große Ehre, meinen Lebensretter zu sehen!« Dabei verbeugte er sich so tief, dass er dem Einsiedler fast von der Schulter gefallen wäre.

»Kann ich dir vielleicht helfen?«

Der Einsiedler schüttelte den Kopf. »Nein, vielleicht ein anderes Mal. Aber im Moment brauche ich nichts, vielen Dank!«

Er verabschiedete sich und machte sich auf den Weg zur Ratte. Er rief ihren Namen und sogleich kam sie aus ihrem Rattenloch herausgetrippelt. Auch sie freute sich sehr, ihren Lebensretter wieder zu sehen, und bot dem Einsiedler sofort die dreißig Silberstücke an. Doch der Einsiedler lehnte dankend ab. »Vielleicht das nächste Mal!«, sagte er und verabschiedete sich freundlich.

Dann ging er zur Wohnstatt der Schlange und rief ihren Namen. Sofort schlängelte sie sich vor seinen Füßen und freute sich sehr, ihn wieder zu sehen. »Willst du vielleicht meinen Goldschatz haben? Ich gebe ihn dir gern!«, fragte sie ihn.

Doch der Einsiedler lehnte ab. »Vielleicht ein anderes

Mal!«, antwortete er und setzte seine Reise fort zum Königreich von Prinz Bosheit.

Tatsächlich war dessen Vater inzwischen gestorben und Prinz Bosheit war König geworden.

Der Einsiedler betrat die Stadt und durchstreifte die Straßen. Zur gleichen Zeit war der Prinz, der jetzt König Bosheit genannt wurde, mit seinem Staatselefanten unterwegs. In einer feierlichen Prozession bewegte er sich durch die Stadt. Der König und sein Elefant waren mit kostbaren Bändern und Juwelen geschmückt und alle Leute jubelten ihm zu. Sie wussten, dass jemand, der nicht jubelte, von der Palastwache ausgepeitscht werden würde. Von seinem mit Juwelen geschmückten Sitz auf dem Rücken des Elefanten aus blickte König Bosheit über die Menge. Da sah er auf einmal den Einsiedler, der einfach so dastand und nicht in den allgemeinen Jubel mit eingestimmt hatte. »Fasst diesen Kerl da, der dort steht und mir nicht zujubelt. Ich will, dass dieser Mistkerl gefesselt und an jeder Straßenecke geprügelt wird. Danach führt ihn zum Hinrichtungsplatz und tötet ihn!« Wütend hatte sich der König von seinem Sitz erhoben und seine Stimme überschlug sich fast. »Verdammt noch mal, beeilt euch, sonst entwischt er noch!«, brüllte er hasserfüllt. »Nicht dass dieser Blödmann noch Ansprüche stellt!«, dachte er bei sich, da er sich nur zu gut an die Zeit in der Hütte des

Einsiedlers erinnerte. Ein gemeines Lächeln umspielte seine Lippen; König Bosheit genoss den Tag seiner Rache, den er jetzt für gekommen hielt.

Widerstandslos ließ der Einsiedler sich fesseln und durch die Straßen führen. Er ertrug es auch, ohne zu klagen, dass er an jeder Ecke geschlagen wurde. Das Einzige, was über seine Lippen kam, war ein Spruch, den er wieder und wieder vor sich hersagte:
»Die, die dieses Sprichwort ersannen,
wussten über die Welt gut Bescheid:
Ein Holzklotz ist dankbarer für seine Rettung
als mancher Mensch.«

Jedes Mal, wenn er geschlagen wurde, sagte er diese Worte und zwar in einem ruhigen und besonnenen Ton, so dass die, die ihn prügelten, bald stutzten. »Warum ist der König eigentlich so furchtbar wütend auf dich?«, fragten sie ihn.

Darauf erzählte der Einsiedler die ganze Geschichte. Er berichtete, wie er den Prinzen und die Tiere aus dem sturmgepeitschten Fluss gerettet hatte, und erzählte von dem Versprechen, das der Prinz ihm gegeben hatte.

»Unser König ist wirklich die Bosheit selbst!«, riefen die Leute wütend. »Warum folgen wir eigentlich einem so gemeinen Menschen?«, fragten andere und wieder andere riefen: »Lasst uns den König stürzen und aus dem Land jagen, er verdient es nicht besser!«

Die aufgebrachte Menge machte sich auf den Weg zum König. Der schrie seine Palastwache an: »Tötet die Aufrührer! Verdammt noch mal, schießt sie endlich tot!« Doch die Palastwache hatte schon lange mehr als genug von den Gemeinheiten ihres Königs und verweigerte den Gehorsam. »Das werden wir nicht tun!«, rief der Oberbefehlshaber der Palastwache. »Eher erschießen wir dich, als dass wir unsere eigenen Leute umbringen!«

Sie zerrten König Bosheit vom Elefanten herunter und trieben ihn aus der Stadt hinaus.

Schnell befreiten sie den Einsiedler von seinen Fesseln und kümmerten sich um seine Wunden. »Willst du jetzt unser König sein?«, fragten sie ihn. Nach einigem Nachdenken willigte der Einsiedler ein.

Er herrschte gut und gerecht sein ganzes Leben lang und die Einwohner waren glücklich, einen so weisen und klugen König zu haben.

Der Wasserriese »Haarige Klaue«

Im Palast des Königs von Benares herrschte helle Aufregung. Die Flaggen in der Stadt wurden gehisst und Blumen auf die Straßen gestreut. Die königlichen Herolde ritten auf den großen Staatselefanten und posaunten laut, um Aufmerksamkeit für ihre gute Nachricht zu erregen: Die Königin hatte einen Sohn geboren. Was freilich niemand wusste, war, dass dieses Kind der Buddha war.

Als der Tag gekommen war, an dem das Baby offiziell einen Namen bekommen sollte, wurden achthundert Gelehrte herbeigerufen. Lange besprachen sie sich; schließlich trat der Älteste und Weiseste von ihnen vor und sprach: »Diesem Jungen ist ein ganz besonderes Schicksal bestimmt. Er wird den Thron erben und ein mächtiger König werden, der gut und gerecht regieren wird. Er wird weithin berühmt werden für seine Taten, die er mit fünf Waffen vollbringen wird!«

Wegen dieser Prophezeihung gaben die Eltern ihrem Kind den Namen »Fünf Waffen«.

Als der Prinz 16 Jahre alt geworden war, meinte sein Vater, es sei an der Zeit, dass er eine gute Ausbildung erhalte.

»Bei wem soll ich studieren, Vater?«

»In Takkasila lebt ein weltberühmter Lehrer, bei ihm bist du bestens aufgehoben. Hier ist die Bezahlung für ihn!« Der König überreichte seinem Sohn einen Beutel voller Goldstücke.

Freudig verließ der Prinz den Palast und machte sich auf den Weg nach Takkasila. Er blieb dort mehrere Jahre und wurde in allen Wissenschaften und Künsten hervorragend ausgebildet. Beim Abschied schenkte der Lehrer ihm wunderschön gearbeitete Waffen: einen Bogen und Pfeile, einen Speer, ein Schwert und eine Keule. Voller Freude nahm der junge Prinz sie entgegen und brach noch am selben Tag nach Hause auf.

Sein Weg führte den jungen Prinzen zu einem großen Wald, in dem ein gefürchteter Wasserriese mit dem Namen »Haarige Klaue« sein Unwesen trieb. Schon am Waldrand traf der Prinz auf Leute, die ihn warnten weiterzugehen: »Kehr um, junger Mann, geh nicht weiter! In der Mitte des Waldes liegt ein kleiner, sumpfiger See. Darin lebt der Wasserriese ›Haarige Klaue‹. Jeden, den er zu Gesicht bekommt, tötet er und frisst er auf!«

Doch der Prinz ließ sich von den Warnungen nicht abschrecken. Er ging weiter und drang tiefer und tiefer in den Wald ein. Sonnenstrahlen flirrten durch die grünen Blätter der Bäume. Ab und zu raschelte es im Gebüsch, wenn sich kleine Tiere vor dem Prinzen versteckten.

Bunte Vögel flatterten von den Ästen, als Prinz »Fünf Waffen« an ihnen vorbeistapfte.

Nach einer Weile rümpfte der Prinz die Nase. Ein unangenehmer, modrig-sumpfiger Geruch lag auf einmal in der Luft. »Der See, in dem der Riese lebt, muss in der Nähe sein«, dachte er und sah sich um. Da hörte er lautes Ästeknacken und im nächsten Moment stand »Haarige Klaue« auch schon vor ihm. Der Riese sah aus wie ein schreckliches Monster. Sein Körper war so groß wie eine Palme, sein Kopf so breit wie eine weit ausladende Baumkrone und seine Augen sahen aus wie riesige Schalen, aus denen auf beweglichen Stängeln die Augäpfel wie Ballons hervorstanden. Sein Mund war geformt wie der Schnabel eines Falken, sein Fell schien klebrig zu sein und sein fetter Bauch war voller purpurfarbener Kleckse. Die Innenseiten seiner Hände und die Fußsohlen waren blauschwarz!

»He, du da!!«, schrie das Monster mit grässlicher Stimme. »Bleib stehen, du bist meine Beute!«

Prinz »Fünf Waffen« blieb stehen und sah den Wasserriesen herausfordernd an. »Wasserriese, lass mich in Ruhe und geh mir aus dem Weg. Ich bin bewaffnet. Wenn du mir näher kommst, schieße ich einen vergifteten Pfeil auf dich ab!«

Aber der Wasserriese scherte sich nicht um die Worte des Prinzen, sondern ging auf ihn zu und wollte ihn packen. »Fünf Waffen« nahm einen Pfeil, tauchte ihn in das tödlichste Gift, das er bei sich hatte, und schoss ihn dem Wasserriesen in den Bauch. Doch der Pfeil blieb an dem klebrigen, rauhaarigen Fell des Riesen stecken, ohne dass dieser etwas zu spüren schien. Der Prinz schoss

noch weitere fünfzig Giftpfeile auf den Riesen ab, doch alle blieben an dem verfilzten und klebrigen Fell hängen.

Der Wasserriese schüttelte sich wütend, so dass alle Pfeile von ihm abfielen, und stapfte gierig auf den Prinzen zu. Der zog geistesgegenwärtig sein Schwert, trat dem Riesen in den Weg und stach zu. Doch ebenso wie die Pfeile konnte auch das Schwert nicht durch die haarige Haut des Riesen dringen. Schnell nahm der Prinz seinen Speer und warf ihn mit aller Kraft auf den Riesen. Doch auch der Speer blieb nur an der Außenhaut stecken. Deshalb nahm der Prinz seine Keule und schlug sie gegen den Riesen. Aber auch das machte dem Wasserriesen überhaupt nichts aus.

Der Prinz ließ sich von all seinen Misserfolgen nicht erschüttern. Mit lauter und kräftiger Stimme rief er: »Du hast wohl noch nie von mir gehört, Wasserriese! Ich bin Prinz ›Fünf Waffen‹! Ich vertraue nicht nur auf meine Waffen, sondern vor allem auf mich selbst! Jetzt werde ich dich mühelos zu Staub zermalmen!«

Der Prinz ballte seine rechte Faust und schlug sie dem Riesen mit aller Kraft in den fetten Bauch. Doch seine Hand blieb im klebrigen Fellhaar des Riesen hängen. Dann schlug er mit der linken Faust zu und blieb ebenfalls kleben. Er boxte ihn mit dem rechten Fuß und kam von dem klebrigen Haar nicht mehr los, dasselbe geschah mit dem linken Fuß. So hing der Prinz am Fell des Riesen, als ob er beim Klettern festgeklebt wäre. Wieder schrie der Prinz: »Ich werde dich zu Staub zermalmen!«, und schlug mit dem Kopf gegen den massigen Körper des Riesen, doch auch mit dem Kopf blieb er am klebrigen Fellhaar des Riesen hängen.

Sogar jetzt, als er fast mit seinem ganzen Körper an dem Riesen festklebte, verlor er seinen Mut nicht. Furchtlos und ohne jeden Selbstzweifel vertraute er auf seine Fähigkeiten. »Du wirst schon noch sehen, dass ich dich besiege!«, rief er kampfeslustig und mit fester Stimme.

Das Monster dachte nach: »Das ist wirklich ein Löwe von Mensch, ein Held ohnegleichen. Obwohl er an mir, einem schrecklichen Wasserriesen, festklebt, zeigt er keine Furcht. So ein Mensch ist mir noch nie begegnet!«
Er beschloss den Prinzen nicht sofort zu verschlingen. Er wollte ihn vorher noch ein bisschen kennen lernen und fragte ihn: »Wie kommt es, dass du keine Angst vor mir hast und den Tod nicht fürchtest? «
»Warum sollte ich?«, gab der Prinz zurück. »Wir alle müssen einmal sterben. Aber in mir ist ein diamantenes Schwert, das wirst du nicht verdauen können, wenn du mich auffrisst. Es wird dein Inneres in kleinste Teile zerschneiden und mein Tod wird auch deinen Tod herbeiführen! Deshalb fürchte ich mich nicht.«

Der Wasserriese überlegte. »Bestimmt sagt der Prinz die Wahrheit. Nicht mal ein Stückchen, winzig wie eine Erbse, könnte ich von diesem mutigen Held verdauen. Ich werde ihn laufen lassen.«

Er befreite den Prinzen von seinem klebrigen Fell und sagte: »Prinz, du bist ein Löwe unter den Menschen. Ich werde dich nicht fressen. Geh nach Hause zu deinem Volk und mache die Herzen deiner Unter- tanen glücklich!«

»Ja, ich werde gehen,« antwor- tete der Prinz. »Doch ich will dir noch etwas sagen: Durch deine schlech- ten Taten

bist du zu einem raubenden, mordenden und Fleisch fressenden Ungeheuer geworden. Wenn du so weitermachst, wirst du immer mehr Menschen und Tiere ins Unglück stürzen und du selbst wirst auch nie glücklich sein.«

Der Wasserriese starrte den jungen Prinzen aus seinen großen, beweglichen Augen aufmerksam an und lauschte gespannt, als der junge Prinz fortfuhr:»Alle haben Angst vor dir. So wirst du nie Freunde finden. Auf Dauer kann ein solches Leben doch keinen Spaß machen!«

Mit einem Mal verstand der Wasserriese, dass er durch sein grausames Verhalten tatsächlich niemals glücklich werden konnte. Diese Erkenntnis fiel ihm wie Schuppen von den Augen. Und er sank auf die Knie und weinte bittere Tränen über all die Menschen und Tiere, die er gierig verschlungen hatte. »Ab heute will ich nie mehr einen Menschen oder ein Tier fressen, das verspreche ich!«, schluchzte der Wasserriese.

Der Prinz sah, dass der Wasserriese diese Worte aus der Tiefe seines Herzens gesprochen hatte. »Haarige Klaue« bereute wirklich all die schlimmen Taten, die er begangen hatte. Deshalb sagte der Prinz:»Sei ab jetzt der gute Riese dieses Waldes und beschütze alle, die in ihm leben und die ihn durchwandern! Als Dank dafür werden die Menschen dir Geschenke bringen und Gaben, von denen du dich ernähren kannst.«

Der Prinz und der Wasserriese wurden Freunde. Und »Fünf Waffen« ließ im ganzen Reich verkünden, dass der Wasserriese nun der Beschützer des Waldes war und dass sich niemand mehr vor ihm fürchten musste.

Wie die Weisen bei seiner Geburt prophezeit hatten, wurde der Prinz ein guter, gerechter und mächtiger Herrscher, den das ganze Volk verehrte und liebte. Er und der Wasserriese blieben die besten Freunde, und mit der Zeit war der Wasserriese bei den Menschen ebenso beliebt wie sein Freund, der Prinz.

Übermütiger Trommelwirbel

In einer kleinen Stadt in der Nähe von Benares lebte einmal ein Trommler zusammen mit seiner Familie. Für seine Künste war er weithin bekannt. Wie kein anderer verstand er es, den Trommeln Rhythmen zu entlocken, die die Menschen zu Tränen oder zum Lachen bringen konnten. Das war ja auch kein Wunder, denn dieser Trommler war in Wirklichkeit der Buddha.

Jedes Jahr fand in der Hauptstadt Benares ein großes Fest statt, zu dem die Menschen aus dem ganzen Land zusammenströmten. Der Trommler hoffte, dort viel Geld verdienen zu können, und machte sich zusammen mit seinem Sohn auf den Weg in die Hauptstadt.

In den Straßen und Gassen drängelten sich bereits die Menschen. Überall waren Stände und kleine Buden aufgestellt, an denen man sich etwas zu essen und zu trinken kaufen konnte. An allen größeren Plätzen der Stadt boten Händler ihre Waren an: Teppiche, Kleidungsstücke, Wolle, Decken, Schmuck, Papageien, Hasen, Katzen, Fische, Obst und vieles mehr. Theatergruppen aus dem ganzen Land traten auf und Tierbändiger führten riesige gezähmte Löwen und Leoparden durch die Stadt. An jeder Ecke saßen Schlangenbeschwörer und spielten auf ihren Flöten, umtanzt von riesigen Kobras. Akrobaten traten auf und schlugen Saltos oder tanzten auf Seilen, die zwischen den Häusern gespannt waren. Die ganze Stadt war erfüllt von herrlichen Düften, von Lachen und Singen und natürlich von Musik.

Der Trommler suchte mit seinem Sohn nach einer geeigneten Stelle, wo sie ihre Kunst darbieten konnten. In der Nähe des großen Marktes fanden sie schließlich ein freies Plätzchen, wo sie sich niederließen und spielten.

Nach und nach bildete sich um die beiden Musikanten eine Menschentraube, die immer größer wurde. Was die beiden Trommler spielten, war so ergreifend, dass den Zuhörern Tränen in die Augen traten. Plötzlich wechselte der Rhythmus und wurde feurig und wild. Den Zuhörern pochte das Blut in den Adern, sie fühlten sich stark wie zehn Löwen und wären auf ein Zeichen hin bereit gewesen, Bäume auszureißen oder sonstige Heldentaten zu vollbringen. Doch wieder wechselte der Rhythmus und war jetzt so lustig und witzig, dass die Zuschauer aus dem Lachen nicht mehr herauskamen. Die Trommler hatten ein ganz feines Gespür für den richtigen Augenblick. Sie veränderten ihre Spielweise jedesmal, wenn die Menschen sich gerade daran gewöhnt hatten. Die beiden spielten bis spät in die Nacht und nahmen viel Geld ein.

Am nächsten Morgen kauften sie noch Geschenke für ihre Familie und für ihre Freunde und machten sich dann auf den Weg nach Hause. Ihr Geld hatten sie in einem Beutel versteckt, den der Vater auf dem Rücken trug.

Der Sohn war noch ganz berauscht von dem Beifall, den sie geerntet hatten, und trommelte wild vor sich hin. Die Straße führte durch einen dichten, dunklen Wald, in dem sich – wie jeder wusste – wilde Räuberbanden versteckt hielten.

»Hör jetzt bitte auf zu trommeln, du ziehst ja die Aufmerksamkeit der Räuber geradewegs auf uns!«, bat der Vater den Sohn.

Doch der Sohn platzte fast vor Freude und Energie; es war unmöglich für ihn, mit dem Trommeln aufzuhören.

»Wenn du unbedingt trommeln musst, dann wenigstens den Rhythmus, den die Palastwache spielt, wenn sie einen Herrscher begleitet!« Der Vater machte dem Sohn den Rhythmus vor. »So geht das. Jetzt ein Schlag, ..., Pause, ..., dann der nächste.«

So trommelte er eine Weile und der Sohn stimmte in den Rhythmus ein. Das Trommelgeräusch drang durch den Wald und erreichte natürlich die Ohren der Räuber. Erschrocken verbargen sie sich im dichtesten Gehölz, denn dieses Trommeln flößte ihnen fürchterlich Angst ein. Das Schlimmste für einen Räuber war es, von der Palastwache gefangen zu werden. Dann mussten sie nämlich für ihre Taten schrecklich büßen.

Manche Räuber saßen schon seit über 20 Jahren im Gefängnis, weil sie der Palastwache in die Hände gefallen waren.

Der Sohn trommelte den Rhythmus, den der Vater ihm gezeigt hatte. Nach einigen Minuten wurde ihm das aber zu langweilig und er konnte sich nicht mehr beherrschen. Er brach aus dem Rhythmus aus und trommelte wieder wild drauf los. Als die Räuber das hörten, sahen sie sich an: »Da versucht jemand, uns an der Nase herumzuführen!«, schimpfte der wilde Oberräuber und gab das Zeichen zum Anschleichen. Als die Räuber entdeckten, dass nicht die Palastwache durch den Wald zog, sondern nur zwei einsame Trommler, brachen sie in ein markerschütterndes Freudengeheul aus. Sie stürzten sich auf die beiden Musikanten und raubten sie aus. Glücklich über die fette Beute, die ihnen so leicht in die Hände gefallen war, zogen sie sich in den dunklen Wald zurück.

»Wie jammerschade!«, rief der Vater, »Durch deine unnötige Trommelei haben wir jetzt unser schwer verdientes Geld verloren!«

Schuldbewusst ließ der Sohn den Kopf hängen. Das Trommeln war ihm für einige Wochen ganz und gar vergangen.

Der magische Baum des Drachenkönigs

Eine Handelskarawane bahnte sich mühsam ihren Weg durch einen wilden Wald. Ihr Ziel war ein weit entfernt liegendes Land, das für seine herrlichen Seidenstoffe bekannt war. Dort wollten die Kaufleute die schönsten Stoffe, die sie finden konnten, einkaufen, um sie in ihrer Heimat mit großem Gewinn zu verkaufen. Doch der Weg machte ihnen schwer zu schaffen. Der Wald, den sie durchqueren mussten, war immer unheimlicher geworden. Tag und Nacht hörten sie wilde Tiere heulen, doch keiner hatte bisher auch nur ein einziges zu Gesicht bekommen. Nicht einmal Vögel oder Insekten flogen umher. Überall raschelte und knisterte es, doch kein Lebewesen war zu sehen. Es kam ihnen vor, als ob der Tod hier Einzug gehalten hätte. Auf dem Boden lagen trockene Blätter; die Äste der Bäume waren kahl. Seit Monaten schien kein Tröpfchen Wasser mehr gefallen zu sein und jeden Tag brannte die Sonne heiß vom Himmel. Die Kaufleute schimpften und fluchten. So etwas war ihnen in ihrem ganzen Kaufmannsleben noch nicht passiert! Ihr letztes Wasser hatten sie aufgebraucht und seit Tagen nichts Richtiges mehr gegessen. Kein Wunder, dass sie wütend und ver-

zweifelt waren.
Der Karawanen-
führer – der in Wirklich-
keit der Buddha war – hatte
schon unzählige Male Karawa-
nen durch diesen Wald geführt
und er kannte den Wald nicht
anders als grün und voller Leben. Es war ihm klar, dass es hier-
bei nicht mit rechten Dingen zugehen konnte.

Plötzlich stießen sie auf einen riesigen Banyan-Baum,
dessen Äste voll grüner Blätter waren. Die Kaufleute
konnten zunächst gar nicht glauben, was sie sahen. Sie

meinten zu träumen. Doch als sie den Stamm und die
Äste berührten, fühlte sich das vollkommen wirklich an.
Sie sanken erschöpft unter dem Baum nieder und ruhten
sich in dem kühlen Schatten eine Weile aus. Sonnenstrahlen drangen durch das Blätterdach und zauberten
viele kleine Lichtflecken auf den Boden. Plötzlich fiel

einem der Kaufleute auf, dass die Blätter an einem Ast ganz feucht aussahen. Das versprach Wasser! Wie Schmirgelpapier fühlte sich sein Mund an, wenn er die Zunge darin bewegte. Schwerfällig erhob er sich, holte eine Säge und setzte sie an.

Was für eine Überraschung! Ein armesdicker Schwall köstlich kühlen, erfrischenden Wassers spritzte aus dem Holz. Die Männer sahen sich verblüfft an, klopften dem Kaufmann, der gesägt hatte, anerkennend auf die Schulter und tranken, bis sie ihren Durst gestillt hatten. Danach tränkten sie die Tiere. Ihre Lebensgeister waren wieder erwacht und fröhlich tanzten die Kaufleute unter der herrlichen Wasserfontäne. Nur der Karawanenführer war nachdenklich: Welches Geheimnis steckte hinter diesem Wunderbaum?

»Lasst uns den Ast da, der nach Süden zeigt, absägen, vielleicht passiert ja noch etwas!«, schlug einer der Kaufleute vor und zeigte auf einen riesigen Ast.

Gesagt, getan. Er kletterte mit der Säge nach oben und sägte den Ast ab. Kaum war der Ast heruntergefallen, quollen aus dem Stumpf jede Menge Nahrungsmittel heraus: Reis, Äpfel, Birnen, Pfirsiche, Mangos, Bananen, Zitronen, Orangen, Kiwis, Feigen, gebratene Hühner und Tauben, gedörrter Fisch, knusprige Hammelkeulen, Kuchen, Torten, Käse, Wurst. Den Kaufleuten lief das Wasser im Mund zusammen und sie feierten ein richtiges Festmahl. Der Karawanenführer staunte. Meinte es da einer wirklich so gut mit ihnen?

Satt und zufrieden lagen die Kaufleute im Schatten des großen Banyan-Baumes. Die meisten genehmigten sich ein kleines Mittagschläfchen und bald drang ein brummiges Schnarchkonzert durch den Wald.

Ein paar andere holten ein Brettspiel hervor. Vergnügt und guter Laune spielten sie eine Weile und ihr fröhliches Lachen vermischte sich mit den Schnarchgeräuschen der Schlafenden.

»Was haltet ihr davon, wenn wir auch noch den Ast, der nach Westen zeigt, absägen?«, fragte einer der Kaufleute in die Runde seiner Mitspieler.

Alle waren einverstanden; sie erhoben sich von ihrem Brettspiel und wählten einen aus, der auf den Baum klettern und den Ast absägen sollte. Als der Ast dann mit lautem Krachen herunterbrach, wachten die schlafenden Kaufleute auf. Sie rieben sich die Augen und staunten nicht schlecht, als sie sahen, dass aus dem Stumpf des Astes wunderschöne Frauen hervorkamen. Diese gingen auf die Kaufleute zu, plauderten und scherzten mit ihnen und beschenkten sie mit Schmuck, Juwelen und kostbaren Gewändern.

Der Karawanenführer betrachtete die Frauen, die sich voller Anmut bewegten und ihre Geschenke verteilten, voller Verwunderung. »Womit haben wir das verdient?«, überlegte er und sagte: »Ich glaube, dass ein mächtiges Wesen hinter all dem steckt. Wir sollten ihm für alles danken und dann weiterziehen.« Ehrfürchtig umschritt der Karawanenführer den Baum.

»Dummes Geschwätz!«, schimpfte einer der Kaufleute. »Mächtige Wesen, so ein Quatsch. Daran glaub ich sowieso nicht!«

»Außerdem bist du daran Schuld, dass wir so eine beschwerliche Reise hatten, mach jetzt bloß nicht irgendein Wesen dafür verantwortlich!«, beschwerte sich ein anderer Kaufmann.

»Mir reicht euer Geschwafel!«, rief ein dickbäuchiger Kaufmann, der sich verschiedene Juwelenketten um den Hals gehängt hatte. »Lasst uns lieber nachschauen, was der nördliche Ast hergibt, anstatt lange Reden zu schwingen!« Er holte eine Säge und ging auf den Ast zu.

»Tu das nicht!« Der Karawanenführer trat dem dicken Kaufmann in den Weg und hielt seinen Arm fest. »Ihr habt doch schon genug bekommen, reichen euch denn die Juwelen und der ganze Schmuck nicht?«

»Haltet mir diesen Spielverderber vom Leib!«, schrie der Dicke wütend. Und sofort sprangen ein paar Kaufleute herbei und hielten den Karawanenführer fest. Einer holte ein Seil und band ihm die Hände zusammen.

Der dicke Kaufmann setzte die Säge an und bearbeitete den Ast. Die anderen Kaufleute schauten gespannt zu und merkten gar nicht, dass die Frauen sich eine nach der anderen wieder in den Baumstumpf zurückzogen. Der nördliche Ast bebte unter der Säge. Schließlich ging ein furchtbares Zittern durch den Baum und mit lautem Knirschen und Krachen brach der Ast ab. Ströme von Gold und Silber fielen aus dem Stumpf heraus,

dazu edle Teppiche und kostbare Decken.

»Siehst du, du Dummkopf!«, rief der dicke Kaufmann dem gefesselten Karawanenführer zu. »Wie gut, dass ich nicht auf dich gehört habe, sonst wäre uns einiges entgangen!«

Die Kaufleute waren außer sich vor Freude. Von ihren Wagen holten sie Kisten und füllten so viel Gold und Silber, so viele Teppiche und Decken hinein, wie es ging. Die voll beladenen Kisten konnten die Kaufleute kaum zurück auf die Wagen hieven, so schwer waren sie.

»Was haltet ihr davon, sollten wir nicht auch noch die Wurzel des Baumes kappen? Wer weiß, welche Kostbarkeiten dort noch verborgen sind!«, sagte einer der Kaufleute und rieb sich in Vorfreude die Hände.

»Ja, stimmt!«, rief ein anderer Kaufmann. »Bevor wir noch Zeit und Mühe verschwenden, die hundert anderen kleineren Äste alle abzusägen, können wir ja gleich die Wurzeln nehmen!«

»Er hat Recht!«, rief ein anderer. »In den Wurzeln müssen ja die Schätze aller Äste enthalten sein!«

»Hört auf damit!«, rief der Karawanenführer empört und versuchte, sich von seinen Fesseln zu befreien. »Der Baum hat euch doch überhaupt nichts Böses getan, im Gegenteil! Wenn ihr seine Wurzeln absägt, dann tötet ihr ihn!«

Die Kaufleute lachten, Habgier stand in ihren Augen. »Das ist doch nur ein Baum!«

»Ich verstehe euch nicht«, rief der Karawanenführer. »Der Baum hat euch das Leben gerettet. Er hat euch zu trinken und zu essen gegeben, dazu noch Juwelen, Schmuck, Silber und Gold, Decken und Teppiche. Wunderschöne Frauen sind gekommen, um euch zu unterhalten. Ist das nicht mehr als genug?«

»Ach halt deinen Mund!«, rief der dicke Kaufmann, der die Säge immer noch in der Hand hielt. »Wir wollen alles haben, kapiert!«

Sämtliche Kaufleute waren einverstanden, die Wurzeln des Baumes abzuhacken. Sie banden den Karawanenführer an einem ihrer Wagen fest und stopften ihm einen Knebel in den Mund, damit er sie nicht mehr stören konnte. Dann holten alle ihre Äxte, um die Wurzeln des mächtigen Baumes durchzuhauen.

Sie wussten nicht, dass dieser magische Baum dem Drachenkönig gehörte, der alles aus der Ferne beobachtet hatte. Als der nun sah, dass die Kaufleute mit ihren Äxten auch noch die Wurzeln des Baumes zerhacken wollten, schüttelte er nachdenklich sein weises Drachenhaupt. »Was tun diese Männer da? Ich habe ihnen zu trinken gegeben, weil sie durstig waren, zu essen, weil sie hungrig waren. Ich habe ihnen Frauen gesandt, mit denen sie plaudern konnten, ich habe ihnen Schmuck, Gold, Silber und kostbare Teppiche gegeben, damit sie ihre Wagen füllen konnten, und jetzt wollen sie diesen Baum, aus dem das alles kam, sogar fällen! Reicht ihnen das alles noch immer nicht?« Verständnislos blinzelte er und seine goldenen Drachenaugen verschleierten sich. »Sie sind maßlos habgierig und kennen keine Grenze! Der Einzige, der etwas taugt, ist der Karawanenführer. Bis auf ihn werde ich sie alle vernichten!«

Der Drachenkönig hob sein mächtiges Haupt und rief seine gepanzerte Drachenarmee herbei. Mit blitzenden Schwertern, scharfen Speeren, spitzen Pfeilen und großen Bogen bauten sie sich vor den Kaufleuten auf, die furchtsam die Äxte hochhielten, um sich zu verteidigen.

Dann rief der Drachenkönig: »Tötet die Kaufleute, schont nicht ihre Leben. Bis auf den Karawanenführer, der dort gefesselt am Wagen steht, sollen sie alle sterben!«

Und so geschah es.

Der Drachenkönig befahl, den Krawanenführer loszubinden. »Ich schenke dir alles, was die Kaufleute von meinem Baum bekommen haben, denn du wolltest den Baum retten und die Kaufleute davon abhalten, ihn zu fällen. Wir werden dich auf deinem Weg aus dem Wald begleiten.«

Der Karawanenführer verneigte sich ehrfürchtig vor dem Drachenkönig.

»Warst du auch dafür verantwortlich, dass der Wald so unheimlich und völlig ausgetrocknet war?«, fragte der Karawanenführer.

Der Drachenkönig neigte bedächtig sein großes Drachenhaupt, die Schuppen glänzten hell im Sonnenlicht. »Du hast richtig vermutet, Karawanenführer. Ich legte einen Zauber über den Wald. Ich habe nicht viel mit eurem Volk zu tun, so wollte ich euch ein wenig testen und sehen, wie ihr Menschen euch in einer schwierigen Situation verhaltet.«

Der Karawanenführer nickte verlegen. Der Drachenkönig hatte ja nicht gerade den besten Eindruck von den Menschen bekommen.

Als sie am Waldrand angekommen waren, verabschiedete sich der Drachenkönig. Zusammen mit seinem Gefolge machte er kehrt und sie verschwanden im dichten Wald.

Der Karawanenführer aber vergaß dieses Erlebnis sein Leben lang nicht. Durch die Schätze des Drachenkönigs war er zwar ein reicher Mann geworden und lebte von nun an in einem wunderschönen Haus. Doch er behielt seinen Reichtum nicht für sich. Er ließ ein riesengroßes Haus bauen, in dem alle armen Leute der Umgebung Unterschlupf und Verpflegung fanden.

Der Banyan-Baum aber, aus dessen Ästen die Schätze des Drachenkönigs gequollen waren, schien wie vom Erdboden verschluckt zu sein. Keiner, auch der Karawanenführer nicht, konnte ihn noch einmal entdecken, so sehr alle auch den Wald danach absuchten.

Der betrunkene Akrobat

Seit einigen Tagen stand auf dem Marktplatz in Benares das große Zelt eines berühmten Wanderzirkus. Bunte Fähnchen flatterten lustig im Wind, die Stoffplanen des Zirkuszeltes blähten sich auf und die vielen kleinen Glöckchen, die an den Zeltwänden befestigt waren, bimmelten fröhlich. Vor dem Zelt probierten die Feuerschlucker gerade eine neue Technik aus und ein junger Akrobat steckte seine Speere in den Sandboden, um den Tanz der vier Speere zu trainieren.

Dieser Tanz, den nur sehr, sehr wenige Akrobaten im ganzen Land beherrschten, war ungeheuer gefährlich. Die Tänzer mussten die Speere in einer komplizierten, genau festgelegten Schrittfolge umtanzen und ihre messerscharfen Klingen überspringen. Über den letzten Speer musste man einen

Salto schlagen und danach wie angewurzelt stehenbleiben. Der junge Akrobat hatte den Tanz von einem alten Speertänzer gelernt, der vor einiger Zeit zu ihrer Zirkustruppe gestoßen war und nun mit ihnen herumzog. Der Alte war aber nicht nur für seine akrobatischen Künste bekannt, sondern auch dafür, dass er sich gerne betrank und sich im Vollrausch dann unmöglich aufführte. Zuerst hatte er sich geweigert, dem Jungen den schwierigen und gefährlichen Tanz beizubringen. Als er aber sah, wie geschickt der junge Akrobat in allen Dingen war, wie er mit zehn Bällen gleichzeitig jonglieren konnte, wie er auf dem hoch gespannten Seil mehrere doppelte Saltos und Räder hintereinander schlagen konnte und wie er ohne jede Angst auf dem Seil sogar einen dreifachen Salto vorführen konnte, da willigte er ein. Der junge Akrobat hatte keine Mühe, den Tanz der vier Speere zu erlernen – er war ja auch der Buddha, was natürlich keiner wusste.

An diesem Tag war für den Nachmittag eine Vorführung angekündigt und die Leute strömten ins Zirkuszelt. Jeder versuchte einen guten Platz für sich zu ergattern. Der alte Akrobat schwankte betrunken vor dem Zelt herum. »Heute werde ich den Tanz der fünf Speere vorführen!«, grölte er übermütig. »Kein Mensch hat ihn je getanzt!«, prahlte er und wankte zu seinen Speeren. Er holte sie und steckte fünf in einer Reihe vor sich in den Boden.

»Bist du verrückt geworden?«, rief der junge Akrobat und versuchte ihn zurückzuhalten. »Keiner kann den Tanz der fünf Speere und du im Moment schon gar nicht, du bist ja stockbetrunken!«

Mürrisch brummte der Alte zurück: »Lass mich in Ruhe. Ich weiß, was ich kann und was nicht!«

»Nimm wenigstens einen Speer weg. Tanz mit den vier Speeren, das ist doch schwierig genug!« Der junge Akrobat sah mit Schrecken, dass der Alte sich für den Tanz bereit machte. Unbeholfen schnallte er sich seinen Gürtel enger, dabei rülpste er ein paar Mal sehr laut.

»Du hast ja überhaupt keine Ahnung, du junger Schnösel, du!«, rief der alte Akrobat ärgerlich und rülpste wieder. »Du weißt überhaupt nicht, was ich alles kann, wenn ich es versuche!«

Inzwischen waren auch die Zirkusbesucher auf ihn aufmerksam geworden. Da sich vor dem Zelt etwas Interessantes abzuspielen schien, verließen sie ihre Plätze und kamen nach draußen. Neugierig umringten sie den Alten, der vor den fünf Speeren stand.

»Alle mal herhören!«, rief er und machte mit der Hand theatralisch eine weit ausladende Geste, die ihn fast aus dem Gleichgewicht brachte.

»Ich tanze heute für euch etwas, was die ganze Welt noch nicht gesehen hat: den Tanz der fünf Speere! Niemand außer mir kann diesen Tanz. Ich gebe heute eine einmalige Vorstellung!« Mit trübem Blick starrte er in die Menge. »Aber nur für euch!«, setzte er hinzu, »nicht für den jungen Kerl hier, der mich davon abhalten will!« Dabei deutete er auf den jungen Akrobaten.

»Wisst ihr was«, sagte er nun in beschwörendem Tonfall, »er ist bloß neidisch auf mich, er schafft den Tanz nämlich nur mit vier Speeren!«

Siegessicher reckte er den Kopf in die Höhe. Der junge Akrobat aber schaute traurig zu Boden, denn er hatte überhaupt kein gutes Gefühl bei der Sache. Die Speerspitzen waren ungeheuer scharf. Nur die kleinste falsche Bewegung reichte aus, um den Tänzer aufzuspießen.

Der alte Akrobat begann den kunstvollen Tanz. Er schien so sicher wie immer zu tanzen, nur manchmal geriet er etwas aus dem Gleichgewicht, doch er meisterte die vier Speere bravourös. Jetzt musste er nur noch einen gestreckten Salto über den letzten Speer machen. Die Zuschauer hielten vor Spannung den Atem an. Der Akrobat nahm Anlauf und sprang. So hoch war er noch nie gesprungen, doch beim Absprung verschätzte er sich im Abstand und wurde von dem fünften Speer aufgespießt.

Ein Aufschrei ging durch die Menge. Stöhnend fiel der Alte zu Boden. Der junge Akrobat trat zu ihm und versuchte den Speer aus seinem Bauch zu ziehen. Doch der alte Akrobat konnte nicht mehr gerettet werden, er hatte schon zuviel Blut verloren. »Warum hast du auch nicht auf mich gehört?«, sagte der junge Akrobat bekümmert. »Vier hättest du geschafft, warum musstest du mir und den anderen beweisen, dass du Dinge kannst, die andere nicht können? Das hattest du doch gar nicht nötig. Wir alle wissen doch, was für ein großartiger Speertänzer du bist.«

Beschämt starrte der alte Akrobat seinem Schüler in die Augen. Ein letztes Zittern ging durch seinen Körper. Dann brach sein Blick und er starb.

Traurig begrub der junge Akrobat seinen Lehrer. Jedes Mal, wenn er seit dieser Zeit den Tanz der vier Speere aufführte, dachte er voller Wehmut an seinen Lehrer, den alten Akrobaten, der sein Leben völlig umsonst verloren hatte. Und das nur, weil er den anderen zeigen wollte, dass er der Allergrößte wäre.

Verloren auf den sechs Meeren

Zu der Zeit, als Bharu in Indien König war, wurde der Buddha in einer Familie von Kapitänen geboren. Wie es in der Familie Tradition war, lernte auch er das Matrosenhandwerk. Bald stellte sich heraus, dass Kumara, so war sein Name, ausgesprochen geschickt war und alles sehr leicht und schnell lernte. Zudem war er klug, freundlich und umsichtig. Schon mit 16 Jahren wurde er zum Kapitän ernannt. Welches Schiff auch immer unter seinem Kommando stand, es kam heil ans Ziel.

Mit der Zeit waren Kumaras Augen durch das Salzwasser immer schlechter geworden. Er konnte weniger und weniger sehen und schließlich war er ganz blind geworden. Den Beruf des Kapitäns konnte er nicht mehr ausüben. Da er in den Diensten des Königs gestanden und Schiffe der königlichen Flotte befehligt hatte, fragte er am Königshof nach, ob man eine neue Aufgabe für ihn habe. Schnell war etwas Passendes gefunden: Er wurde zum königlichen Warenprüfer ernannt. Was immer der König kaufen wollte, sollte von Kumara zuvor untersucht werden, ob es auch seinen Preis wert war.

Einmal hatte der König vor, einen großen, pechschwarzen Elefanten zu kaufen, den er zu seinem Staatselefanten machen wollte. Kumara wurde gerufen, um den Elefanten zu untersuchen. Er umrundete das Tier aufmerksam und tastete den ganzen Körper dabei gründlich mit beiden Händen ab. Am Ende sagte er: »Diesen Elefanten würde ich nicht zu einem Staatselefanten machen. Er hat eine Verkrümmung in den Knochen. Seine Mutter konnte ihn bei seiner Geburt nicht richtig aufstellen, deshalb verformten sich seine Knochen ein bisschen.«

Genaue Nachforschungen ergaben, dass Kumara Recht hatte. Der König war hoch zufrieden und Kumara bekam sechs Geldstücke als Lohn.

Ein anderes Mal wurde ihm ein Pferd vorgeführt, das der König zu seinem Repräsentations-Pferd machen wollte. Mit beiden Händen tastete der Blinde das Pferd sorgfältig ab und leckte ein bisschen am Fell, um den Schweiß zu schmecken. Dann sagte er: »Das Pferd ist nicht dafür geeignet. Bei seiner Geburt starb die Mutter und das Pferd wurde nicht mit Muttermilch aufgezogen. Es sieht zwar stark aus, ist aber oft krank.«

Wieder überprüften die Bediensteten des Königs seine Angaben und siehe da, auch das stimmte. Kumara bekam als Lohn wieder sechs Geldstücke.

An einem anderen Tag wurde Kumara herbeigeholt, um einen Streitwagen zu schätzen. Kumara berührte

den Wagen an allen Sei-
ten und sagte dann: »Ich
würde dem König nicht
raten, ihn zu kaufen. Er
ist aus einem hohlen
Baumstamm geschnitzt und nicht besonders viel wert.«

Wieder wurde nachgeforscht und wieder hatte Kumara Recht. Auf Geheiß des Königs, der mit Kumaras
Tätigkeit mehr als zufrieden war, bekam er sechs Münzen ausgehändigt.

Bald darauf brachten sie ihm einen kostbaren Teppich, den der König für seinen Palast kaufen wollte. Der blinde Mann befühlte und beroch ihn überall und sagte dann: »Der Teppich ist zwar wunderbar gearbeitet, aber da in der Mitte ist eine Stelle, wo eine Ratte hineingebissen hat!«

Kumara hatte sich auch diesmal nicht geirrt. Der König bezahlte seinen Dienst wieder mit sechs Münzen.

Kumara aber gefiel das überhaupt nicht. »Ich werde hier bezahlt wie ein Küchenjunge, obwohl ich so hervorragende Arbeit leiste. Das finde ich nicht gut!«

Er beschloss mit dieser Arbeit aufzuhören, den König zu verlassen und in sein Haus im Hafenviertel zurückzukehren.

Zur selben Zeit lag im Hafen ein Schiff, das reichen Kaufleuten gehörte. Sie hatten vor, in ferne Länder zu segeln, um kostbare Waren einzukaufen. Aber so viel sie auch herumfragten, sie fanden keinen Kapitän, der ihren Anforderungen genügte. Kaum hatten die Kaufleute erfahren, dass Kumara wieder in der Stadt war, wandten sie sich auch gleich an ihn: »Kumara, wir suchen einen Kapitän für unser Schiff. Du bist genau der richtige!«

Kumara lachte. »Ich bin doch blind. Ich habe noch nie gehört, dass ein blinder Kapitän ein Schiff befehligen könnte!«

Doch die Kaufleute ließen sich nicht abwimmeln. »Ein so erfahrener Kapitän wie du braucht doch seine eigenen Augen nicht! Wir können dir jederzeit sagen, was es am Horizont oder im Wasser zu sehen gibt.«

Kumara schüttelte den Kopf: »Glaubt mir, es hat keinen Zweck. Ich wäre euch zu nichts nütze, wenn Schwierigkeiten auftreten.«

»Und was willst du jetzt machen?«, fragte einer der Kaufleute, der ihn gut kannte. »Etwa den ganzen Tag zu Hause sitzen oder dich in der Hafenkneipe betrinken?«

Kumara zuckte mit den Schultern. Was er jetzt tun wollte, das wusste er selbst noch nicht.

»Wir machen dir ein Angebot: Du fährst als unser Kapitän mit und wir beweisen dir damit, dass auch ein Blinder ein Schiff befehligen kann!«, schlug einer der Kaufleute vor.

»Selbstverständlich nur einer, der die Erfahrung von Kumara hat!«, bekräftigte ein anderer.

Kumara zog nachdenklich die Stirn in Falten. Die Kaufleute waren wirklich hartnäckig. Vielleicht sollte er es tatsächlich versuchen? Er überlegte hin und her, wog Vor- und Nachteile ab und antwortete schließlich: »Einverstanden. Ihr habt mich überredet!« Kumara streckte ihnen die Hand hin. »Aber sagt später nicht, dass ich euch nicht gewarnt hätte!«

Erleichtert schlugen die Kaufleute ein. Damit war es besiegelt: Der blinde Kumara war bei diesem Unternehmen ihr Kapitän. Zufrieden stellten sie eine Besatzung zusammen, luden Proviant an Bord und breiteten die Seekarten aus, um die Route festzulegen.

Gleich am nächsten Tag segelten sie los. Nach sieben ruhigen Tagen veränderte sich plötzlich der Himmel. Dunkle, tiefhängende Wolken zogen auf und ein furchtbarer Sturm peitschte die Wellen des Ozeans turmhoch auf. Die Schleusen des Himmels öffneten sich und es regnete ununterbrochen. Wie eine Nuss-Schale tanzte das Schiff der Kaufleute auf den Wellen. Kumara befahl die Segel sofort einzuziehen. Stürme tobten und Regen prasselte herab, als ob die Welt untergehen würde. Verloren auf den hohen Wellen des Ozeans trieb das Schiff umher und wurde in eine Gegend verschlagen, in die seit Jahrhunderten schon kein Mensch mehr gekommen war. Endlich ließ das Unwetter nach und die Kaufleute konnten erkennen, dass sie sich in einem seltsamen und fremdartigen Meer befanden. Fische schwammen hier, deren Körper wie Menschen aussahen. Ihre Mäuler aber waren voller rasiermesserscharfer Zähne. Die Kaufleute berichteten dem blinden Kapitän von ihrer Beobachtung und fragten: »Kumara, was ist das für ein Meer, in das wir verschlagen worden sind?«

»Das ist das Kuramali-Meer!«, antwortete der Blinde. »Ich weiß von diesem Meer nur aus alten Büchern.«

Kumara war überrascht, dass der Sturm sie so weit abgetrieben hatte, in eine Gegend, die von den Seeleuten gemieden wurde, da sie als zu gefährlich galt. Aus alten

Berichten wusste er, dass in diesem Meer riesige Diamanten auf dem Boden lagen, aber das verschwieg er den Kaufleuten. Die Habgier würde sie überwältigen, wenn sie davon erführen. Säckeweise würden sie die Diamanten aus dem Wasser holen, das Schiff damit völlig überladen und zum Sinken bringen.

Als aber alle schliefen, holte sich Kumara ein Netz und fischte damit geschickt einen Sack voll Diamanten heraus. Den versteckte er im Innern des Schiffes.

Am nächsten Tag hatte sich die Farbe des Wassers völlig verändert und strahlte wie die Sonne selbst. Bald wurde

es für die Besatzung unerträglich, an Deck zu sein. Die Wasseroberfläche schien sich in ein glühendes Feuer verwandelt zu haben und selbst in der Nacht noch leuchtete das Wasser und erhellte die Gegend.

Die Kaufleute berichteten Kumara, was sie sahen, und er antwortete: »So wie ihr das Wasser beschreibt, kann es nur das Aggimali-Meer sein. Aus früheren Zeiten gibt es Berichte über dieses Meer, in den alten Büchern wird es erwähnt.«

Er verschwieg ihnen, dass dieses Gewässer voller Gold war, denn er befürchtete, dass sie das Schiff mit dem Gold überfrachten und zum Sinken bringen würden. Als sich alle unter Deck befanden und schliefen, ging Kumara nach oben und fischte unbeobachtet einen großen Sack Gold aus dem Wasser heraus. Da er blind war, machte ihm das überhelle Strahlen des Wassers nichts aus. Den Sack mit dem Gold versteckte er gut im Innern des Schiffes.

Allmählich ließ die Lichtglut nach, das feurige Strahlen der Wasseroberfläche hörte auf, dafür nahm das Wasser nach und nach die Farbe von Milch an. Zudem schwammen lauter kleine weiße Fischchen an der Oberfläche; sie hatten ein kreisrundes Mondgesicht und glotzten aus ganz starren Augen ins Leere. Noch gespenstiger aber war die Stille, nicht einmal das Geräusch von plätscherndem Wasser war zu hören. Kein Windzug war zu spüren, nichts bewegte sich, ringsherum war Schweigen. Das Schiff schwappte auf und ab, doch es war totenstill. »Dies muss das Dadhimali-Meer sein«, sagte Kumara, »ich habe in den alten Büchern darüber gelesen. Wie schade, dass ich blind bin, die mondgesichtigen Fische hätte ich mir gern mal angesehen. Passt auf, dass ihr nicht mit ihnen in Berührung kommt! Auf ihren Schuppen sitzen winzige Giftdrüsen.«

Das erzählte er ihnen, damit sie nicht auf die Idee kamen im Meer zu fischen, denn sonst hätten sie selbst gemerkt, dass das Wasser hier voller Silber war. Heimlich fischte er nachts so viel Silber aus dem Wasser, wie in einen Sack passte. Den versteckte er sicher im Schiff.

Auch die unheimliche Stille nahm ein Ende und leise fingen die Plätschergeräusche wieder an. Aber sollte das Wasser sein? Das Meer, über das sie segelten, sah aus wie ein Feld grünes Getreide, das im Wind wogt. Ab und zu tauchten mannsgroße Seepferdchen aus den Wellen auf und sahen zu ihnen hinüber. Diese seltsamen Tiere waren so grün wie das Meer und kaum davon zu unterscheiden. Wenn sie ihre Mäuler öffneten, blickte man in einen grasgrünen Schlund; mit einer grünen Zunge leckten sie über ihre giftgrünen Zähne.

Die Kaufleuten beschrieben Kumara, was sie sahen, und er antwortete stirnrunzelnd. »Das muss wohl das Kusamali-Meer sein, das so grasgrün leuchtet. Ich habe immer geglaubt, dass es nur in der Fantasie mancher Seeleute existiert.«

Wenn die Geschichten, die die alten Matrosen über dieses Meer erzählten, stimmten, lagen Unmengen von Smaragden in ihm verborgen. Die grasgrünen Seepferdchen hüteten diese Edelsteine als ihren Schatz. Nachts, als Kumara sicher war, dass alle schliefen, schlich er sich hoch an Deck und ließ einen Eimer ins Wasser hinunter. Schnell war der Eimer voller Smaragde. Kumara zog ihn nach oben und leerte den Inhalt in einen Sack, den er an einem geheimen Ort auf dem Schiff verbarg.

Nach diesem Meer durchquerten sie eines, dessen Wasser rot wie junge Krabben leuchtete. Die Kaufleute staunten, denn einen solchen Anblick hatten sie sich in ihren verrücktesten Träumen nicht vorstellen können. Wenn die Wellen an den Bug des Schiffes klatschten, gab es einen ganz feinen, hellen Klang, so als ob das Wasser singen würde. Plötzlich schrie der Matrose, der oben im Mast saß und bis an den Horizont schauen konnte: »Achtung! Uns verfolgt ein Riesenfisch, dort, dort!« Alle sahen in die Richtung seines ausgestreckten Armes und da konnten auch sie es erkennen: Ihnen schwamm ein unvorstellbar großer, roter Fisch hinterher. Er hatte ein ungeheuer breites Maul, das er unentwegt aufgesperrt hielt und das aussah wie der Eingang zur Hölle. Nach einiger Zeit hatte der seltsame Riesenfisch wohl die Lust verloren, dem Schiff zu folgen, und tauchte unter. In der Abenddämmerung ertönte ein seltsamer Wechselgesang und zwei dieser roten Riesenfische tummelten sich an der Wasseroberfläche. Kumara, der den Gesang hörte, fragte: »Hat das Meer hier eine rote Farbe, so ähnlich wie junge Krabben?«

»Ja!«, antworteten die Kaufleute überrascht. »Und die Riesenfische sind ebenfalls rot und haben Grauen erregende Mäuler, die sie die ganze Zeit aufgesperrt halten!«

»Ich habe in den Büchern davon gelesen. Soweit ich mich erinnere, heißt das Gewässer hier Nalamali-Meer«, erklärte der Blinde. Er verschwieg allerdings, dass sich in ihm kostbare Korallen befanden, die man ganz leicht herausfischen konnte. Um die Kaufleute davon abzuhalten, die Korallen zu entdecken, sagte er: »Das Wasser hier ist verzaubert. Wenn man damit in Berührung kommt, wird man in einen Fisch verwandelt!«

»Etwa in einen solchen Riesenfisch?«, fragte einer der Kaufleute.

»Genau!«, antwortete Kumara. Heimlich füllte der blinde Kapitän nachts, als alle schliefen, die Korallen in einen Sack und versteckte ihn gut.

Nachdem sie ein paar Tage über das rote Meer gesegelt waren, veränderte sich das Wasser erneut. Es verlor seine rote Farbe und sah wieder wie normales Wasser aus. Doch nicht sehr lange freuten sich die Männer über diesen Anblick. Denn schon bald zog ein schreckliches Unwetter auf. Turmhohe Wellen umtosten das Schiff und das Wasser saugte von allen Seiten an den Holzplanken. Mit einem schauerlichen Getöse stürzten die Wellenberge in sich zusammen und öffneten sich zu einem abscheulich tiefen Abgrund. Der Lärm ließ allen das Herz stillstehen. Die Kaufleute hatten das Gefühl, ihre Ohren müssten jeden Moment platzen.

»Was ist das für ein Meer, das einen so grässlichen, höllischen Krach macht?«, fragten sie ängstlich. »Es ist das Valabhamukhi-Meer«, antwortete der blinde Kapitän mit bleierner Stimme.

»Dieses Meer ist voller Wut; darum tost es so. Es will alles zerstören. Niemals wird es unser Schiff freigeben. Es wird nicht aufhören, gegen unsere Planken zu schlagen und an ihnen zu saugen, bis wir gesunken sind!«

Düsternis umwölkte Kumaras Stirn und er dachte nach. »Keiner außer mir wird sie retten können, ich muss es versuchen!«

»Freunde!«, schrie er so laut er konnte, um das Getöse des Meeres zu übertönen. »Es gibt nur eine Möglichkeit, hier wieder heil herauszukommen! In diesem Meer lebt, so heißt es, ein schreckliches Ungeheuer. Es hasst alle Wesen und liebt nur die Zerstörung. Kein Mensch kann das Ungeheuer ansehen, ohne sofort tot umzufallen. Denn es hat an seinem Körper lauter grausam blickende Augen. Sieht man in ein solches Auge, wird man sofort versteinert!«

Die Kaufleute zitterten und wimmerten. Sie fühlten, dass ihre letzte Stunde geschlagen hatte.

»Doch da ich blind bin, werden mir seine Blicke nichts anhaben können!«, rief Kumara laut. »Ich muss das Ungeheuer nur anlocken. Es liebt seltsamerweise den Duft von Parfüm und Früchten und fühlt sich geschmeichelt, wenn man ihm in schönen Kleidern entgegentritt!« Die Kaufleute wechselten hoffnungsvolle Blicke. Wenn es Kumara gelingen würde, das Ungeheuer zu besänftigen, dann waren sie vielleicht noch nicht ganz verloren.

»Ihr müsst mich in duftendem Wasser baden, mir schöne Kleider anziehen, mir dann eine gefüllte Schale mit Früchten in die Hand geben und mich vorne am Bug festbinden, damit das Ungeheuer mich sehen kann. Ihr aber verschwindet, nachdem ihr mich festgebunden habt, sofort im Inneren des Schiffes und kommt erst wieder nach oben, wenn ich euch rufe!«

Sofort taten sie, wie ihnen geheißen. Sie badeten Kumara in herrlich duftendem Wasser, zogen ihm die schönsten Kleider an, die sie finden konnten, und steckten Kumara viele kleine Fläschchen mit Duftwasser in die Taschen. Damit sollte er das Ungeheuer beschwichtigen und beruhigen.

Das gefüllte Gefäß in beiden Händen, nach Blumen duftend und mit kostbaren Gewändern angetan stand Kumara festgebunden am Bug des Schiffes und rief den wütend um ihn tosenden Wellen entgegen: »Du Ungeheuer des Valabhamukhi-Meeres, ich habe dir Geschenke mitgebracht!«

Das Meer toste und rauschte, das höllengleiche Brüllen wurde noch stärker und ein Koloss mit drei Köpfen ragte aus dem Wasser auf. Jeder Kopf und die drei Hälse waren über und über mit schrecklich starrenden Augen besetzt, die Kumara böse anfunkelten. Doch da Kumara blind war, sah er nichts. Sehr wohl merkte er aber, dass das Ungeheuer inzwischen aus dem Meer aufgetaucht war, es stank nämlich erbärmlich nach Pech und Schwefel.

»Ich habe dir Geschenke mitgebracht, du schreckliches Meeresungeheuer!«, wiederholte Kumara, so laut er konnte, und hob die Schale mit den Früchten in die Höhe. Dann warf er sie dem Ungeheuer entgegen. Mit einer blitzartigen Bewegung streckte das einen seiner Köpfe vor und schnappte sich die Fruchtschale. Das Meer toste etwas schwächer, auch der Gestank ließ ein klein wenig nach.

»Ich habe noch mehr für dich dabei!«, schrie Kumara, öffnete ein Parfümfläschchen und schüttete den Inhalt ins Wasser. Sofort zuckte blitzschnell ein anderer Kopf des Ungeheuers vor und eine riesenhafte, schreckliche Zunge schlürfte das Duftwasser auf.

Der Höllenlärm ließ noch etwas mehr nach.

Kumara entspannte sich ein wenig, holte das nächste Fläschchen heraus, schüttete den Inhalt ins Wasser und begann zu singen: In einer fremdartigen Sprache und einer ganz ungewöhnlichen Melodie formte er Töne und Klänge, die das Ungeheuer verzauberten. Es bewegte seine drei Köpfe im Takt des Liedes und aus seinen Augen rollten dicke Tränen.

Ganz plötzlich hörte Kumara auf zu singen. Es war vollkommen still und das Meer lag wie ein glatter Spiegel da. »Bring uns jetzt auf dem schnellsten Weg nach Hause, Ungeheuer!«, befahl Kumara.

Kaum hatte Kumara diese Worte ausgesprochen, kehrte das Schiff wie von einer übernatürlichen Kraft angetrieben in einer einzigen Sekunde zurück in seinen Heimathafen. Es machte nicht einmal an der Anlegestelle im Hafen Halt sondern fuhr an Land weiter bis vor die Tür des Hauses, in dem der blinde Kapitän lebte.

Kumara lächelte, als man ihn vom Bug des Schiffes losband. Die Kaufleute fielen vor ihm auf die Knie und weinten vor Glück, dass sie dieser furchtbaren Meereshölle entkommen waren.

»Was war das für ein Lied, mit dem du das Ungeheuer besänftigt hast?«, fragten sie neugierig. »Ihr werdet es nicht glauben!«, antwortete Kumara und lächelte verschmitzt. Dieses Lied hat mir, als ich noch ein Kind war, meine Großmutter vor dem Schlafengehen immer vorgesungen. Als ich da vorne am Bug stand, fiel es mir plötzlich ein.«

Nachdenklich wandte er sich um und ging unter Deck. Als er zurückkehrte, schleppte er fünf Säcke mit sich. Er verteilte den Inhalt gerecht unter der Besatzung und den Kaufleuten. Zum Abschied sagte er: »Dieser Schatz ist genug für euch alle. Fahrt nie mehr zur See!«

Noch viele Jahre lang lebte Kumara glücklich und zufrieden in seinem kleinen Haus am Hafen und alle, die zu ihm kamen, wurden reich beschenkt.

Baumgeister unterwegs

Zu der Zeit, als König Vesavana in Benares herrschte, war es noch üblich, dass Menschen und Baumgeister miteinander sprachen. Die Baumgeister hatten dem König in der Vergangenheit schon mit so manch gutem Rat geholfen. Deshalb wollte er ihnen etwas Gutes tun: Er bot ihnen an, dass sie sich ihre Wohnsitze neu wählen durften. Welche Sträucher, Büsche oder Bäume auch immer sie sich aussuchten, die wollte er unter seinen königlichen Schutz stellen, damit sie nicht gefällt oder beschädigt wurden.

Als die Baumgeister davon erfuhren, jubelten sie.

»Endlich kann ich den alten Judasbaum verlassen; seit ein paar Jahren hat er schon nicht mehr geblüht, ich suche mir einen blühenden neuen Baum!«, rief ein alter Baumgeist glücklich.

Auch die Baumgeister, die am Stadtrand in Bäumen wohnten, freuten sich sehr, denn in dieser Gegend lebten seit einigen Jahren Rudel wilder Hunde, die bevorzugt an ihre Stämme pinkelten, und das stank fürchterlich. Ähnlich erging es den Baumgeistern, die in den Palmen am Flussufer des Ganges wohnten. Dort hatten sich nämlich die Menschen zur Gewohnheit gemacht, ihre Leichen zu verbrennen und von morgens bis abends hatten die Baumgeister den Brand- und Leichengeruch in der Nase.

Jeder Baumgeist überlegte sich, wo er am liebsten leben wollte. Die Vögel, die sowieso immer von Baum zu Baum flogen, hatten die Aufgabe übernommen, die Baumgeister untereinander zu informieren, wer wohin ziehen wollte oder wer mit wem zusammenziehen wollte.

Der Buddha, der zu dieser Zeit auch als Baumgeist lebte, meinte:»Ich glaube, es ist am besten, wenn wir alle dicht beisammen stehen, da können wir uns gegenseitig schützen.«

Schnell wurde diese Meinung von den Vögeln verbreitet.

»Das brauchen wir doch jetzt nicht mehr!«, ließ aufgebracht ein anderer Baumgeist verkünden, der bis jetzt in einer der Palmen am Ufer des Ganges lebte.»Der König hat versprochen uns zu schützen. Ich für meinen Teil werde schleunigst von hier wegziehen, ich kann den Leichengeruch nicht mehr aushalten. Ich ziehe in den großen Banyan-Baum an der Hauptstraße. Dort kommen viele Menschen vorbei. Ich werde sicher Geschenke bekommen und die Menschen werden mich verehren.« Stolz sah er in die Runde. Die anderen Baumgeister, die in den Palmen lebten, wiegten ihre Köpfe hin und her. Einer der älteren Baumgeister meinte:»Wenn wir in vereinzelt stehende große Bäume ziehen, werden wir viel mehr geehrt, als wenn wir uns in einem Wald weit weg von den Wohnungen der Menschen niederlassen. Und da der König uns nun schützt, haben wir nichts zu befürchten. Ich werde in den riesigen Baum ziehen, der an der Flussbrücke steht.«

Wieder wiegten die Baumgeister in den Palmen ihre Köpfe hin und her und einer der jüngeren Baumgeister meldete sich zu Wort: »Ich bin noch nie von den Menschen verehrt worden und Geschenke habe ich von ihnen auch noch nie bekommen. Ich finde, für mich ist es an der Zeit, endlich diese Erfahrung zu machen. Ich werde meine Wohnung in dem großen Baum am Marktplatz nehmen!«

Die Vögel, die die Gespräche der Baumgeister den anderen Baumgeistern überbrachten, merkten bald, dass es zwei Gruppen gab: Die einen, die vorhatten, in vereinzelt stehende große Bäume in oder nahe der Stadt zu ziehen, und die anderen, die es vorzogen, zusammen in einem abgelegenen Wald in den Hügeln des Himalaya zu wohnen.

Als der große Tag ihres Umzugs gekommen war, bezogen die einen Baumgeister die freistehenden Bäume und die anderen zogen sich in ein Waldstück in den Hügeln des Himalaya zurück. Die Beamten des Königs notierten genau, welcher Baumgeist sich in welchem Baum niedergelassen hatte, und verkündeten dies im ganzen Land.

Die Baumgeister, die jetzt in den vereinzelt stehenden großen Bäumen wohnten, waren mehr als zufrieden: Es verging kein Tag, an dem nicht Menschen zu ihnen kamen und ihnen Geschenke brachten. Mal legten sie Blumen vor ihnen nieder, mal brachten sie frisches Wasser; manchmal kamen sogar kleine Gruppen, die zu Ehren der Baumgeister sangen und tanzten.

Noch im selben Jahr zog ein furchtbares Unwetter über das Land. Ein tosender Sturm folgte einer tagelang andauernden Regenflut. Häuser wurden abgedeckt, Dächer flogen durch die Lüfte und manche Häuser stürzten

sogar zusammen. Der Sturm wütete und tobte. Er riss an den Ästen der allein stehenden Bäume und erprobte seine Kraft an ihnen. Es nützte den großen Bäumen nicht, dass sie unter dem Schutz des Königs standen und die Menschen ihnen so viele Gaben gebracht hatten. Da sie völlig frei standen, hatte der Sturm ein leichtes Spiel mit ihnen. Sie wurden fast alle entwurzelt oder umgeknickt.

Als der Sturm die Hügel des Himalaya hinaufraste und dort durch die Wälder tobte, konnte er keinem einzigen Baum, Busch oder Strauch etwas anhaben. Denn die Bäume und Sträucher waren so ineinander verwuchert und verwachsen, dass sie dem Sturm mühelos standhielten.

Die armen Baumgeister, deren Wohnungen ganz und gar zerstört waren, flüchteten in den Himalaya. Sie wollten ihre Freunde und Bekannten suchen und sich nun doch bei ihnen ansiedeln. Als sie dort ankamen, erzählten sie von ihrem Unglück und beklagten es bitterlich. Da antwortete ihnen der Anführer der Baumgeister: »Gut, dass ihr gekommen seid. Sucht euch Bäume hier in der Nähe, dann seid auch ihr vor künftigen Stürmen besser geschützt. Für uns Baumgeister ist es wichtig zusammenzustehen!«

Als der Buddha einst
ein Räuber war

Zu der Zeit, als Brahmadatta König in Benares war, kam der Buddha als ältester Sohn eines Räubers zur Welt. Schon sein Großvater und Urgroßvater waren Räuber gewesen. So war es selbstverständlich, dass auch er ein Räuber wurde. Mit seiner Bande machte er die Straßen und Wege rund um Benares unsicher. Alle reichen Leute fürchteten sich vor ihm und kaum einer traute sich ohne bewaffneten Schutz auf die Straße.

Die armen Leute dagegen liebten den Räuberhauptmann und seine Bande sehr, denn die Räuberbande des Buddha bestahl nur reiche Leute und verteilte das Diebesgut unter den Armen.

Der König hatte eine ganze Abteilung seiner Palastwache dazu abgestellt, die Räuber zu fangen und ins Gefängnis zu werfen. Doch bis jetzt hatten sie keinen Erfolg gehabt. Der Räuberhauptmann war einfach nicht zu fassen. Er wusste jedes Mal, welchen Wald die Palastwache nach ihm durchkämmte und war längst daraus verschwunden.

In Benares lebte zu dieser Zeit ein reicher Kaufmann, der sein Vermögen dadurch vermehrte, dass er anderen Leuten Geld lieh. Nach einer festgelegten Zeit mussten die Leute es dann mit ziemlich hohen Zinsen zurückzahlen. Gerade war wieder eine Rückzahlung fällig: Ein Bauer hatte sich von dem Kaufmann vor 10 Jahren 700 Geldstücke geliehen und musste nun 1000 zurückgeben.

Der genaue Zeitpunkt für die Rückgabe des Geldes war schon festgesetzt, doch wenige Tage davor starb der Kaufmann. Seine Frau konnte den Tod ihres Mannes nicht überwinden und lag wenige Tage später auch im Sterben. Sie ließ ihren Sohn herbeirufen und sagte ihm: »Samvara, es steht nicht gut um mich, ich werde bald sterben. Ein Bauer schuldet deinem Vater noch 1000 Geldstücke und der Rückgabetermin ist schon ausgemacht. Wenn auch ich tot bin, wird er sich weigern, dir das Geld zurückzugeben, weil du nur der Sohn bist. Lauf, solange ich noch lebe, und fordere in meinem Namen das Geld zurück!«

Samvara machte sich sofort auf den Weg zu dem Bauern, der eine Tagesreise entfernt seinen Hof hatte, und forderte im Namen seiner Mutter die 1000 Geldstücke zurück. Zähneknirschend hörte sich der Bauer die Forderung des Jungen an. Er hatte im Stillen gehofft, dass auch die Frau des Kaufmanns bald sterben und er das Geld würde behalten können. Fluchend ging er ins Haus, kehrte mit einem Beutel voller Münzen zurück, den er Samvara vor die Füße warf. »Hier hast du das Geld!«, rief er wütend. »Nun mach, dass du fortkommst, sonst hetze ich meine Hunde auf dich!«

Samvara nahm den Beutel und zählte in aller Ruhe die Geldstücke. Von diesem zornigen Bauern wollte er sich nicht einschüchtern lassen.

»Verschwinde endlich! Oder glaubst du, ich wollte dich betrügen?«, schrie der Bauer und sein Gesicht lief vor Wut rot an.

»Neunhundertsiebenundneunzig, neunhundertachtundneunzig, neunhundertneunundneunzig und tausend!«, zählte Samvara ungerührt weiter. Zufrieden band er den Beutel zu. Dann drehte er sich noch einmal zu dem Bauern um: »Vielen Dank, mein Herr!«, sagte er und verbeugte sich dabei übertrieben tief. Dann ging er schnell davon, denn insgeheim fürchtete er sich vor den Hunden des Bauern, die Furcht erregend die Zähne fletschten.

Kaum war Samvara gegangen, stürmte der Bauer wutschnaubend ins Haus: »Diesem eingebildeten Kaufmannssohn werde ich es zeigen! Wie unverschämt er sich vor mir verbeugt hat und wie hochmütig er ›vielen Dank‹ gesagt hat!« Sein Herz raste und seine Zornesadern waren zum Platzen angeschwollen. Er nahm sein Schwert und stürmte zum Pferdestall, da er Samvara hinterherreiten und ihn töten wollte.

Doch mitten auf der Schwelle zum Pferdestall stolperte er und klammerte sich am Türrahmen fest. Sein Gesicht lief blau an und er japste nach Luft. Die Zornesadern traten schrecklich hervor. Stöhnend brach der Bauer zusammen und fiel tot um. Er hatte sich zu sehr aufgeregt und einen Herzschlag erlitten.

Sein Geist, der sofort den Körper verließ, war noch voller Wut und Hass und nur von einem einzigen Wunsch erfüllt: Den Sohn des Bauern zu töten.

Samvara war schon ein gutes Stück vorangekommen. Um so schnell wie möglich zu seiner kranken Mutter zurückzukehren, trieb er sich zu äußerster Schnelligkeit an und wählte eine Abkürzung durch einen dunklen, finsteren Wald. Er konnte nicht wissen, dass sich dort die Räuberbande versteckt hielt.

Als die Räuber Samvara von weitem sahen, freuten sie sich sehr, denn sie hatten bereits gehört, dass er bei dem Bauern gewesen war, um die 1000 Geldstücke abzuholen.

»Da laufen 1000 Geldstücke auf zwei Beinen, direkt in unsere Arme!«, grinste einer der Räuber und rieb sich die Hände. Seine Augen funkelten.

Samvara, der natürlich davon nichts wusste, eilte schnellen Schrittes durch den Wald. Den Beutel mit den

1000 Geldstücken hielt er fest umklammert in der Hand.

Genau in diesem Moment starb zu Hause seine Mutter. Da sie bis zum letzten Atemzug voller Sorge an ihren Sohn gedacht hatte, war das auch der einzige Gedanke, der in ihrem Geist war, als dieser den Körper verließ. Diese Sorge ließ den Geist der Mutter von einem Augenblick zum anderen bei ihrem Sohn sein. Als Geist war die Mutter natürlich unsichtbar, deshalb konnte weder die Räuberbande noch ihr Sohn sie sehen. Als sie sah, in welcher Gefahr ihr Sohn schwebte, bekam sie einen großen Schreck. »Ich muss ihn warnen!«, dachte sie. »Am besten mache ich mich sichtbar, damit er auf mich aufmerksam wird!« Und da ihr auf die Schnelle nur die Gestalt eines Schakals einfiel, nahm sie blitzschnell das Aussehen eines Schakals an. In dieser Gestalt lief sie vor ihrem Sohn hin und her, drehte den Kopf zu ihm und rief: »Samvara, geh nicht weiter! Dort hinter den Bäumen lauert die Räuberbande! Sie werden dich niederschlagen und dir das Geld rauben!«

Doch Samvara verstand nicht, was der Schakal von ihm wollte. Für ihn hörte sich das, was der Schakal sagte, wie ein gefährliches Knurren an, und er hatte Angst gefressen zu werden. So nahm er einen Stock und schlug damit nach dem Tier. Als es sich nicht vertreiben ließ und immer noch knurrte, hob Samvara große Steine vom Weg auf und warf sie. Winselnd zog sich der Schakal schließlich ins Dickicht zurück.

Samvara atmete auf. Diese Gefahr war gebannt. Erleichtert ging er weiter.

Doch auch der Geist des Bauern war in Gedankengeschwindigkeit herbeigekommen. Der Hass, der in ihm war, loderte heiß wie Feuer. Als er sah, dass die Räuber Samvara auflauerten, wollte er das ausnutzen. Er nahm die Gestalt eines Kranichs an und flog im nächsten Moment über Samvaras Kopf.

Er umkreiste ihn ein paar Mal, beschimpfte ihn fürchterlich und flog dann zu den Räubern. Dabei kreischte er laut: »Da kommt ein Mann, der hat 1000 Geldstücke bei sich! Nehmt ihm das Geld ab und tötet ihn! Zeigt es ihm und quält ihn, damit er richtig leiden muss!«

Samvara, der natürlich nicht verstand, was der Vogel krächzte, freute sich sehr, als er den Kranich sah. Denn Kraniche galten zu dieser Zeit als Glücksbringer. Frohgemut dachte er: »Ein Glücksvogel auf dem Weg! Na, dann kann ja nichts mehr schief gehen!«

Der Räuberhauptmann war der Einzige, der die Sprache der Tiere verstehen konnte, und er konnte auch sehen, dass es keine echten Tiere waren sondern nur Erscheinungen. Er runzelte die Stirn und blickte Samvara bekümmert an. Obwohl der junge Mann Augen hatte, war er doch blind dafür, was um ihn herum wirklich geschah. Der Räuber kratzte sich nachdenklich am Kopf und überlegte, was er tun solle.

Fröhlich pfeifend kam der Kaufmannssohn näher. Der Anblick des Kranichs hatte ihn beflügelt. Dass er Räubern in die Hände fallen könnte, an diese Möglichkeit dachte er zu keiner Sekunde. Er hörte nicht einmal das Knacken der Äste und das Rascheln der Blätter, als die Räuber sich heranschlichen.

»Halt, stehen bleiben!« Wie ein Blitz aus heiterem Himmel standen die wild aussehenden Räubergesellen vor ihm und versperrten den Weg. Erschrocken blieb Samvara stehen.

Der Räuberhauptmann trat vor und sprach ihn an:

»Wo wohnst du?«

»In Benares.«

»Und wo kommst du her?«

»Ich war bei einem Schuldner meines Vaters, der ihm noch 1000 Geldstücke zurückzugeben hatte. Mein Vater ist tot und meine Mutter sehr krank. Sie hat mich geschickt, das Geld zu holen. Denn wenn auch sie tot ist, werde ich das Geld nicht mehr bekommen.«

»Hast du das Geld dabei?«

»Ja.«

»Weißt du, wie es deiner Mutter geht?«, forschte der Räuberhauptmann nach.

»Nein!«

»Sie ist gestorben und vorhin ist sie dir in der Gestalt eines Schakals erschienen, um dich vor uns zu warnen. Doch du hast sie mit einem Stock und mit Steinen vertrieben! Und der Kranich, den du freudig als Glückszeichen begrüßt hast, ist in Wirklichkeit der Bauer, der dir das Geld zurückgeben musste. Vor lauter Zorn ist er nämlich an einem Herzanfall gestorben! Er hoffte, dass wir dich ausrauben und töten!«

»Was?!!!«, der junge Mann wurde kreidebleich und schlug die Hände vor sein Gesicht.

»Behalt dein Geld und geh weiter!« Der Räuberhauptmann machte seinen Mannen ein Zeichen und sie gaben Samvara den Weg frei.

»Da du die Sprache der Tiere nicht verstehst, hast du nur dem äußeren Schein vertraut! Du bist blind gewesen für das, was um dich herum wirklich geschah. Lass dir das eine Lehre sein; diesmal bekommst du sie noch kostenlos. Aber du wirst nicht immer so großherzigen Menschen wie uns begegnen.«

Mit Tränen in den Augen stolperte Samvara die Straße entlang. Durch dieses Erlebnis wurde er zu einem ganz anderen Menschen.

Erklärung einiger Begriffe

Banyan-Baum: Baum, der in ganz Asien wächst und an fast jedem Marktplatz zu finden ist, da sein großes Blätterdach viel Schatten spendet. Banyan-Bäume können sich durch ihre imposanten Luftwurzeln sehr weit verbreitern und sehen oft sehr bizarr aus.

Benares: große Stadt am Ganges, heute Varanasi genannt, zählt zu den heiligen Städten Indiens.

Brahmanen: Im Hinduismus werden die Menschen in sogenannte »Kasten« eingeteilt, das sind Gesellschaftsschichten, in die man hineingeboren wird. Die Angehörigen der obersten Kaste nennt man Brahmanen; nur Angehörige dieser Kaste dürfen Priester sein. Die zweite Kaste ist die der Krieger, Adligen und Könige, die dritte die der Händler und Bauern, die vierte die der Arbeiter und Handwerker. Dann gibt es noch die sogenannten Unberührbaren, die keiner Kaste angehören und keinerlei Rechte haben.

Buddha: Shakyamuni Buddha lebte vor ungefähr 2500 Jahren in Indien, wo er auch die Erleuchtung erlangte, das heißt, er erkannte die Wahrheit über die Wirklichkeit der Welt. Damit war er nicht mehr abhängig von guten und schlechten Gefühlen und erlebte dadurch eine unvorstellbare Freiheit, die er benutzte, um anderen zu helfen.

Dämonen: Geister, meist böse, können in vielerlei Gestalt erscheinen.

Einsiedler: Religiöse Menschen, die sich vom Treiben der Welt für viele Jahre (oft ihr ganzes Leben) in die Einsamkeit zurückziehen, um ungestört zu meditieren, zu beten und nachzudenken.

Karawane: Reisegesellschaft von Kaufleuten.

Mango: Immergrüner Baum, der in den Tropen wächst und bis zu 30 Meter hoch wird. Seine Steinobstfrüchte sind sehr wohlschmeckend und können bis zu 2 kg schwer werden. Die nicht essbare, ledrige Schale ist im reifen Zustand dunkelrot und bedeckt das gelborange, sehr saftige Fruchtfleisch.

Unberührbare: Bilden die unterste Schicht der indischen Gesellschaft (siehe Brahmanen).

Bereits erschienen

128 Seiten, 40 farbige
Abbildungen, gebunden
DM 29,90
ISBN 3-89620-109-3

Geschichten über Buddhas frühere Leben, vor über 2000
Jahren entstanden, gehören zum traditionellen Erzählgut
der Weltliteratur, und sie bezaubern noch heute durch
ihre Weisheit, Schönheit und ihren Humor.
Andrea Liebers hat für diesen Band 18 Geschichten ausgewählt, die alle in der Tierwelt spielen, und sie in einer
wunderschön bildhaften Sprache nacherzählt. Die phan-
tasievollen und farbenprächtigen Illustrationen stammen
von Bruni Feist-Kramer.

Theseus